BIBLIOMÚSICA
叢書ビブリオムジカ

FRANZ SCHUBERT
# フランツ・シューベルト
## あるリアリストの音楽的肖像

HANS-JOACHIM HINRICHSEN
ハンス=ヨアヒム・ヒンリヒセン［著］
TOMOHEI HORI
堀 朋平［訳］

アルテスパブリッシング
ARTES

# 日本語版の読者へ

フランツ・シューベルトの人生と作品をめぐるこのささやかな書物が、いま日本語版で世に出ることは、私にとって大いなる喜びの源です。

日本人の皆さんがヨーロッパの音楽文化に高い関心を寄せ、とりわけシューベルトの音楽を愛していらっしゃることは、よく知っています。ですから、長年にわたる私のシューベルト研究を凝縮する今回の挑戦が、人を惹きつけてやまぬこの作曲家を理解することに役立てれば、と願っています。

シューベルトにかんしては一〇〇〇頁書くこともわけないでしょう。しかしながら本書のドイツ語版は、シリーズの本を限られた規模で統一するという出版社（ミュンヘンのベック社）の方針に則ったものでした。ですからこの小さなフォーマットは、対象をもれなく描き出そうとする書き手たちにとって大きなハードルです。と同時に、集中と凝縮を要する点では好都合でもありました。

「天国的な長さ」――驚嘆すべき先達の音楽に、ロベルト・シューマンはそんな証言を残しました。この言葉は、シューベルトの音楽の性質そのものであると同時に、シューベルトの音楽によってのみ解かれるべきものである、と言わねばなりません。この音楽を描き出すために、そっくり同じ「天国的な長さ」が必要とされるわけではないからです。

短いながらも本書が目指すのは、シューベルトについて今日知られていること、つまり最新の研究状況を余さず写し取ることによって、初めてシューベルトに取り組もうとしている聴き手や読み手に、理解のためのよき道を開くことです。それがうまくいっていることを祈ります。

翻訳者である堀朋平さんには大いに感謝しています。私の文章をていねいに訳してくれただけでなく、矛盾点をいくつか発見し、私とのやり取りを経て解決してくれました。そういうわけでこの日本語版は、元のドイツ語版の最新かつ最も正確なバージョンと言えるでしょう。

願わくは、本書がシューベルトの音楽の喜びを高めてくれんことを!

二〇一七年一月

ハンス゠ヨアヒム・ヒンリヒセン

# はじめに

フランツ・シューベルト（一七九七～一八二八）が、音楽史のなかで最も重要な作曲家に数えられるのは疑いない。しかしながら、多くの音楽愛好家にとってその伝記は、決まり文句《クリシェ》とありきたりなレッテルに覆い隠されてしまっている。

かつてハインリヒ・ハイネは、カントについて「人生も歴史ももたない者の生涯は記述できない」と述べたが、これはむしろシューベルトにこそ当てはまるだろう。生誕の地に長年とどまり続け、大旅行も国外滞在も恋愛もせず、家族への気遣いをすることもなく、王政復古が始まった頃のウィーンにあってシューベルトは、たしかに外見上はまったく平穏無事な生活を営んだ。しかし、正確な日付の記録すらほとんどもたない上辺だけの伝記でも、深い洞察をもって、彼の音楽的思考の問題史と結びつけてみると、かくも華々しからざる印象を与える見かけの背後に、並外れて個性的な芸術家の人生が見えてくるにちがいない。

シューベルトの人生の構造パターンを明らかにしてくれるのは、その活動を可能にしたもろもろの条件が織りなす布置と、音楽作品そのものの構成である。社会的な活動領野をピンポイントで開拓していったその手際と、個々の音楽ジャンルを驚くほどシステマチックに習得していった様子が見てとれるだろう。こうした事情に沿ってシューベルトの短い人生は語られ、理解される。

あまたの素材をおよそこのような仕方で構造化することを、本書は試みる。今日まで絶えず聴かれてきた音楽を、それを可能にした諸条件から説明するだけでなく、そこから進んで、音楽をさらに深く理解する一助となるなら、本書の使命は果たされたことになる。


本文で引用されている文章は、巻末の文献表に挙げた資料集に依った〔邦訳がある資料集からの引用に際しては、原著の略号と頁数／邦訳の頁数の順に表記した。ただし訳文は堀による〕。シューベルト作品を名指すにあたっては、慣例にならい、オットー・エーリヒ・ドイッチュが時系列順に整理した作品目録の番号が使われる。

通貨の換算にかんしては、戦争によるオーストリア国家の破産に伴って一八一一年から実施された貨幣改革が考慮されている。新たに導入されたウィーン通貨（W.W.）の紙幣グルデンによって、かつての協定貨幣（C.M.）によるグルデンが五分の一の貨幣価値（一八二〇年からはその倍の比率に固定）に置き換えられたのである。あくまで臨時の予定だったこの新通貨は、しかし一八四八年の革命以後も用いられた。

本書の素案を講義で聴いてレスポンスを示してくれたチューリヒの学生に感謝する。また草稿に批判的なコメントを寄せてくれた多くの同僚諸氏にもお礼を申し上げる。

フランツ・シューベルト――あるリアリストの音楽的肖像　目次

日本語版の読者へ　1

はじめに　3

第一章　シューベルトのウィーン　9

音楽都市ウィーン　10
創造の背景としての友人サークル　15
自由に創造した最初の作曲家？　24
ビーダーマイアーとフォアメルツのあいだで――音楽における交際の文化　28

第二章　最初のチャレンジと早熟　35

諸ジャンルの体系的制覇　36
最初のトレードマーク――シューベルト歌曲なるもの　41
初期交響曲とその背景　53

第三章　危機《クリーゼ》、突破、そして確信　59
ベートーヴェン危機《クリーゼ》　60
豊かな断片　66
未完成における完成　74

第四章　めぐまれぬ愛——音楽劇　81
ジングシュピールから「英雄的・ロマン的オペラ」へ　82
舞台での成功と挫かれた希望　90

第五章　公のための作曲　105
大交響曲への道　106
室内楽と交響曲　110
委嘱と信仰告白のあいだで——宗教声楽曲　126

第六章　若き日の後期作品　135
**大規模な連作歌曲**　136
**作曲の新天地、そして最後のプロジェクト**　142
**後年の自負――シューベルトと出版社**　152

エピローグ　シューベルト受容　163

訳者あとがき　171

◎附録
viii　**文献一覧**　楽譜と作品目録／原典とドキュメント／定期刊行物と辞典類／研究書／論文
vi　**作品索引**
ii　**人名索引**

【凡例】訳注および訳者による補足は、〔　〕または脚注で示した。

第一章

# シューベルトのウィーン

*Schuberts Wien*

## 音楽都市ウィーン

シューベルトは青春時代をウィーンで過ごした。青春時代の初期、ウィーンは「ドイツ国民の神聖ローマ帝国」の首都から急速に変化を遂げ、ヨーロッパ南部を支配するハプスブルク多民族国家の統治の中心地へと発展した。そして今にいたるまで、音楽都市というイメージがゆるぎなく世間に定着している。しかし、観光業界によって堅固に支えられたこのイメージが当たり前になりすぎたため、このイメージがじつは限られた歴史のうちに培われたことは、ほとんど忘れ去られてしまった。

今日、ウィーンの音楽的な名声は、作曲家その人のオーラにまったく根差していない。なるほどこのオーラはかつて、ハイドン、モーツァルト、ベートーヴェン、シューベルトの時代からシュトラウス一族のワルツとオペレッタ工房を経て、ブラームス、ブルックナーあるいはマーラーといった交響曲作曲家、さらにはそれに続くシェーンベルク楽派によるアヴァンギャルド運動にいたるまで、ほとんど絶え間なく優勢を誇っていた。だが昨今のウィーンはとりわけ、みずからの追憶を――世界に冠たる無数の音楽施設によって命脈を保つ膨大なレパートリーというかたちで――育んでいるのだ。作曲家のオーラの衰退には、終わりがあるのと同じくもちろん始まりもある。フランツ・シューベルトの伝記をもっとよく理解するためにも、この歴史的な始まりは知っておく必要があろう。

ウィーンの音楽的な名声を基礎づけた時期が、ある時代と重なっているのは決して偶然ではない。それは「ヨーゼフ主義の一〇年間」として歴史に記録されている時代のことだ。ヨーゼフ二世の単独統治（一七八〇～九〇）によるこの時代、オーストリアのいわゆる啓蒙君主の頂点をなすこの時代に、音楽家を魅惑したもろもろの条件が、とりわけ首都ウィーンで作り出された。たとえば一七八一年にモーツァルトは、ザルツブルクでの安定をすべて放り出してウィーンに移住している。

宮廷が音楽を上演する使命を失ったことによって公共的な空間が解放されたこと、社会の雰囲気が自由《リベラル》になったこと、階級の流動化によって貴族のサロンへの参加が可能になったこと、そして音楽出版社がめざましい勢いで設立されていったこと――これらの変化によって、後に「古典派」と称されることになる現象の本質的な基礎が作り上げられた。この現象は、ハイドン、モーツァルト、ベートーヴェンに支えられているわけだが、彼らの作品は、いま挙げたいくつもの状況のもとで拍車をかけられ、また根本的な変化を見せた。遅れて生まれたシューベルトも、この「古典派」に、ときに数え入れられてきたのである。


受容史および様式史からして大いに問題含みの「ウィーン古典派」という複合概念が、もっぱら一七八一年から一八〇四年頃に限定されるという点について、今日では一致をみているといって良い（ただしこの概念が、「古典」という用語を確定し、事柄をしっかり理解するための最低条件を満たしているなら、ということだが）。つまり、歴史的な影響力を誇るハイドンの弦楽四重奏曲集 作品三三の出版とモーツァルトのウィーン移住に始まり、作曲家としてのハイドンの沈黙と、音楽の風景のパラダイム転換をなしたベートーヴェンの《英雄》交響曲によってついに終わりを迎える、という時代区分である。

この切れ目には、実際の歴史的事実《ヒストーリエ》からみても、メンタリティの歴史《ゲシヒテ》からみても根拠がある。この時代は、ヨーゼフ主義が推進する改革の初期段階に始まり、多大な喪失を伴う対ナポレオン戦争のなか、高揚した当初の気分がしだいに摩耗していったことで終わるのである。

作曲家としてのシューベルトの人生を考えると、二つのことが重要である。第一に、この時代区分にあってシューベルトはたしかにウィーンの音楽の核心に属しているものの、ウィーンの「古典派」には属していないし、第二に、中・後期ベートーヴェンによるすべての創作は、この時代的・様式的境界のこちら側〔古典派以降〕に根を下ろしているのである。つまり、一世代分隔たった二人の作曲家によるウィーンでの活動は、たしかに外見上は同じ枠組みと時間のうちに成立したが、「古典派」という音楽的遺産をどのように管理するかは、まったく異なっていたのである。

若い頃にはハイドンの生徒・模倣者として、いまだ直接的にハイドンの発展に関与していたベートーヴェンと、いっぽうでは、規範《カノン》となる作品を、生きいきしてはいるもののすでに完結した遺産として目の当たりにしていたシューベルト。若きシューベルトにとってベートーヴェンはある時期以降、高みにそびえ立つとともに怯え縮こまらせる道標《みちしるべ》となった。これに対してベートーヴェンはシューベルトの作品を、たとえ知っていたとしてもようやくあとになって、それもごく時おりしか知ることがなかった。まったく不思議なことではあるが、この二人が現に同じ町に住んで活動していたとは思えない、という印象は、間違っていないばかりか、歴史的事情の核心を突いている。ベートーヴェンのウィーンはシューベルトのウィーンで（も）あったが、シューベルトのウィーンはベートーヴェンのウィーンではなかった。

このことについてもう少し詳しく考察してみよう。

ウィーンの大作曲家たち。彼らの作品によってウィーンは遅くとも一九世紀初頭には音楽都市としての正当な名声を得るにいたり、それゆえ彼らは長年にわたって「ウィーン古典派」と称されてきたわけだが、そうした大作曲家のうちでもシューベルトはただ一人、生来のウィーン人であると同時に、ハイドンとならんで唯一の生粋のオーストリア人である。

この事実が注目に値するのは、なにも郷土愛という理由からではない。このことが興味深いのは、彼が

――モーツァルトやベートーヴェンとは違って――魅力あふれる都市の名声にことさら惹きよせられたのではなく、したがってその活発な音楽キャリアを、ウィーン移住の英断に負っているわけでもないからだ。シューベルトはこの都市とその音楽生活を、もう自分の活動の条件として目の当たりにしていた。いずれ明らかになるように、シューベルトの成長の歩みを考えるにあたって、このことは少なからず大切である。

音楽都市ウィーンがみせた大きな転換は、シューベルトの青春時代とかなり正確に重なり合っている。

たしかにヨーゼフ主義のウィーンはハイドンを躍進させた。しかしハイドンをうまく活用して彼にヨーロッパ的名声をもたらしたのは、ウィーンではなくパリとロンドンであった。世紀の終わりにあって、コンサート施設を意のままにできたのはこの二つの首都だけであり、ウィーンがそうなるにはまだ長い時間が必要だった。いっぽうでロンドンは高度に商業化され、資本主義市場のために組織化されてさえいた。老境のハイドンが、今日の言葉でいうと大富豪《ミリオネア》になったのはウィーンではなくロンドンにおいてであり、モーツァルトがロンドンでのコンサート生活に舵を切ることがなかったのは、死があまりに早かったためだろう。

これに対してウィーンでは、作曲家はみずからコンサート・シリーズの手はずを整え、まだ貴族のパトロンにすがるしかなかった。そういう違いはあれ、ともかく一七八〇年代以降のウィーンでもそのようなチャンスは開かれていた。あっという間に形成されたモーツァルトのキャリアも、若きベートーヴェンの彗星のごとき上昇も、こうしたチャンスを適切に、またしかるべき筋にうまく乗じて利用したからこそ可能だったのである。

大陸全土にわたるこの黄金時代は、しかし遅くともナポレオン戦争によってはかなくも過ぎ去った。さらにオーストリアは悲惨な敗戦を迎えたことで、貴族階級の私有財産も国家財政も破綻する――これらすべてがシューベルトの青春時代に起こった。ウィーン会議を経てこの都市はすっかり変貌してしまったのである。

これに続く局面が、今日では「ビーダーマイアー」と呼ばれる。その際に注意すべきは、いまや音楽生活がまったく新しい基盤の上に据えられるようになったという事実である。つまり、一八〇〇年以前の公共的な音楽経営が、いまだ貴族に支配されたエリート的なものであったのに対し、このウィーンにあって、音楽生活はまさにプライベートで家庭的な領域へと溢れ出したのだ。また公共空間においては、かつての支配的な貴族階級に加えて、裕福で教養をそなえた市民階級が急速に台頭したのであり、それは今日までおよんでいる。

当初はまだ貴族に支援されつつ、しかし後には急速に市民化した音楽施設として、一八一二年に設立された楽友協会が挙げられる。それは現在にいたるまでウィーンのコンサート生活を決定づける団体であり、意欲的な市民が組織する個性的な団体である。音楽生活の商業化と市民化はこれをもって開始され、やがてウィーンは一九世紀における音楽の中心地にまでのし上がるのだ。

ベートーヴェンがすばやい躍進を遂げたウィーンと、シューベルトの活動の基礎となったウィーンの違いは、世代の差であるとともに共同体層の差であるように思われる。二人の作曲家は異なるサークルのなかで活動したのであり、それぞれのサークルのあいだに接点はほとんどなかった。

貴族の安定した庇護によってベートーヴェンは、一七九〇年代に早くもゆるぎない名声を与えられていたから、自分を支えてくれた貴族的制度《インスティテューション》の廃止によるダメージは比較的軽いものだった。作曲家としてすでに自立していたからだ。いっぽうでシューベルトの出自はウィーンの小市民であり、その音楽が社会に出たのは、まさに反ナポレオン王政復古の真っただ中だった。やっと旧来の制度への台頭を果たし、ベートーヴェンとならんで公に認められるにいたったとはいえ、シューベルトは家庭的なビーダーマイアー文化に支えられ、終生にわたってその組織形態に頼り続けた。

老いたベートーヴェンも若きシューベルトも、〔当時のオーストリアの宰相〕メッテルニヒが支配する時代の不毛さに、それぞれの立場から絶えず雄弁な苦言を呈していた。しかし結局このことが、二人を結びつける。文化的な観点からすれば、二人はぴったり同一のウィーンを感じ、そして同一のウィーンで苦しんだからだ。それが、いわゆる「ビーダーマイアー時代」のウィーンであった。

## 創造の背景としての友人サークル

シューベルトの生前、ウィーンの人口は三〇万人にも届かんとしていたが、まさにこの都市にあって、ビーダーマイアーの社会的・政治的な背景は、文化のさまざまな側面にまたとない隆盛をもたらした。音楽とは、一見あらゆる芸術のなかで最も非政治的であるいっぽうで、集団的な営みであるゆえに人々をつなぐ接合剤にもなりうる。だからこういう時代にあっては、まずもって音楽こそが、メッテルニヒの検閲体制下にあって、独自の共同体を写し取ってくれる欠かせぬ要素であったにちがいない、としばしば推測されてきた。それは正当な推測であるが、ただしこうしたことはすでに世紀の初頭から準備されていた。家庭での音楽演奏は、たんにプライベートな領域への退却だなどと見くびるべきではない。その広がりと多様さは、初期にあってすでに膨大な量を産み出していた若きフランツ・シューベルトの生産を支える土壌ともなったのである。

フランツ・シューベルトは一七九七年一月三一日、学校教員の一家に、全部で一六人のうちの一三番目の子どもとして産まれた。生き残ったのはそのうち五人だけだった。洗礼名はフランツ・ペーターである。た

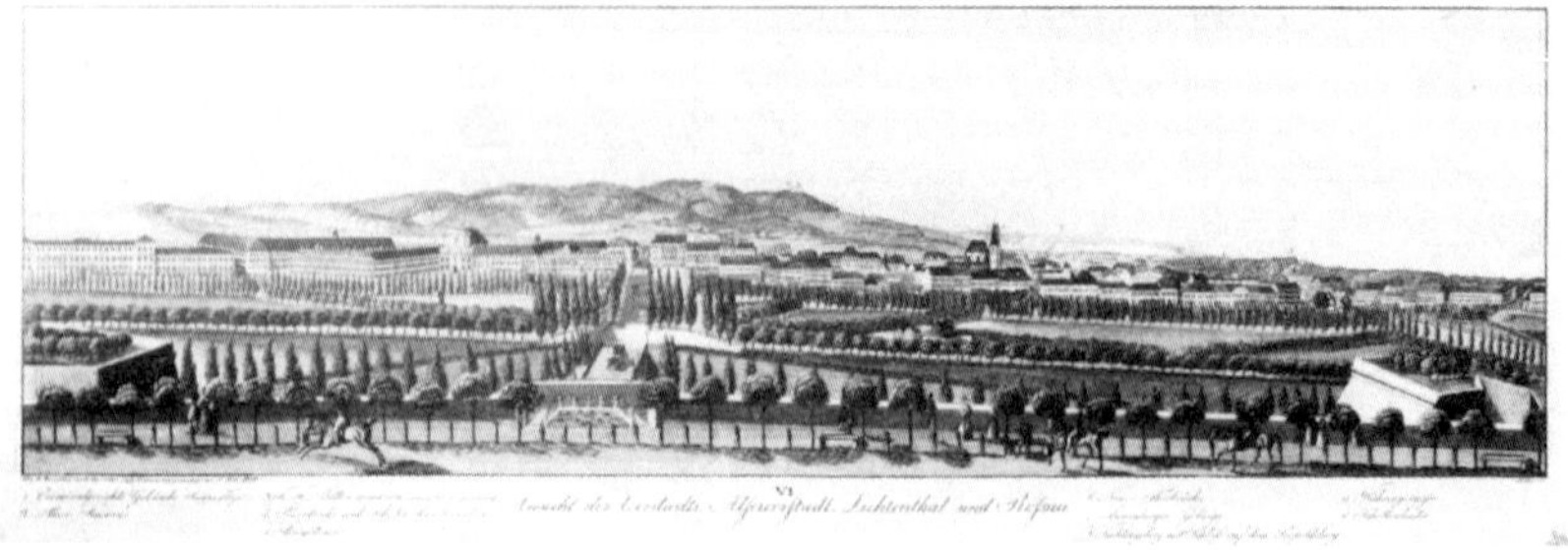

フランツ・ヴォルフによる線描のリトグラフ(1835年頃)。市内部から生地リヒテンタールとロッサウ地区を眺めたパノラマ。左右前景に砲台が置かれ、その周りに防御斜堤が広がることで、市内部と郊外が隔てられていた

だし産まれたのはウィーン市内そのものではなく、その北西に位置する郊外のリヒテンタール地区〔今日のウィーン第九区、ヌスドルファー通り《シュトラーセ》五四〕である。リンク通り設置〔一八五八〕のために防壁が取り壊される前であったため、郊外は当時まだ、いわゆる「防御斜堤《グラシー》」という広大な空き地によって市内部《インネレシュタット》〔今日の第一区〕と隔てられていた。

父フランツ・テオドール〔一七六三〜一八三〇〕は、母エリザベト・フィーツ〔一七五六〜一八一二〕と同じくシュレージエンの出身である。マリア・テレジアとヨーゼフによる学校改革の恩恵もあって、〔リヒテンタールのすぐ西側に接する〕ヒンメルプフォルトグルント地区の学校を経営することで生計を立てており、一八〇一年にはこの学校のために大きな家を購入することができた〔今日の第九区、ゾイレン小路《ガッセ》三〕。父は一八一七年、〔リヒテンタールの南東にある〕ロッサウ地区〔同様に今日の第九区、グリューネトーア小路《ガッセ》一一〕の学校教師に昇格した際にこの家を学校に提供し、没するまで当地で教鞭をとる――学校に捧げられたその経歴によって一八二六年にはついにウィーン市民権を得るにいたるが、それは父フランツ・テオドールにとってたいへん喜ばしいことであった。

要するに、息子フランツ・ペーターはオーストリアの学校教師の環境に育った。兄イグナーツ〔一七八五〜一八四四〕やフェルディナント〔一七九四〜一八五九〕と同じように、フランツ・ペーターもこの環境で職業に就

くよう期待されていたが、やがてはこれを拒絶することに成功した。兄たちと一緒にしっかりした音楽の基礎教育を受けることができたのも、この環境のおかげだったのは間違いない。まずは父と兄たちからヴァイオリンとピアノのレッスンを受け、上達を見せたフランツは、リヒテンタール教区教会の聖歌隊指揮者ミヒャエル・ホルツァーのもとでさらにレッスンを続けた。こうして少年シューベルトは、きわめて早いうちから家族の弦楽四重奏団に欠かせない一員となる。

このように、狭い人間関係でありながらきわめて柔軟な環境のもと、シューベルトの楽才は早くから認められ、おそらくはきっぱりとした意図をもって育まれた。一八〇八年秋、非凡な天賦の才によって一一歳の少年は、新設されたばかりの王立・寄宿制神学校《コンヴィクト》にできた定員一〇名からなる授業料免除の空席のひとつを獲得する。日曜日の王宮《ホーフブルク》礼拝堂での合唱に、楽才豊かな子供が必要とされていたのだ。その数年前、父は自慢の息子を高名な宮廷楽長アントニオ・サリエーリ（一七五〇～一八二五）に引き合わせていたかもしれない。宮廷の少年合唱団員の選出を個人的に行える立場にあったサリエーリは、推薦のときに後押しするためであろう、一八〇四年の段階で自分の名簿に「シューベルト」と記入している。思えばこうした音楽エリートの募集は、若きヨーゼフ・ハイドンの伝記をも決定的に彩っていた。つまり同じメカニズムはその約一世紀後、戦争による体制危機が頂点に達したときでさえ、問題なく機能していたわけである。

ともかく少年シューベルトは一八〇八年一〇月一日から、ピアリスト修道会〔カトリックの教育機関〕が運営するウィーン市内部《インネレシュタット》の学生寮——旧ウィーン大学の複合建造物（今日では第一区、イエズス会教会の隣）——に暮らし始めた。家族に会えるのは仕事のない週末と休暇期間だけであったが、この入学によって少年はアカデミー・ギムナジウム〔一五五二年に設立されたウィーンのギムナジウムは、一八一六年にピアリスト修道会に引き継がれた。シューベルトは一八〇九年から一三年まで通い、初等教育と人文教育を受けた］に通えるようになったばかりか、宮廷礼拝や神学校のオーケストラに参加することで教会音楽と器楽の膨大なレパートリーを知ることができた。システマチックな音楽教育も、宮廷オルガニストおよび神学校オーケストラ監督のヴェンツェル・ルジチュカ（一七五七〜一八二三）によって続けられた。

当初はきわめて優秀な、後にはほどほどの成績からすると、要するに少年時代のシューベルトは十分なギムナジウム教育を受けたのであり、もしも一八一三年一一月に、本来の六年度のうち第五年次で中途退学しなかったなら大学での勉学も可能だったかもしれない。だがそうする必要はもはやなかった。というのも、一八一二年夏には声変わりを迎えたため礼拝堂での仕事はできなくなっていたし、それでも無償の優遇を受け続けるには、おそらく帝室による斡旋が必要だったのだが、成績はかろうじて及第点といった具合だったからである。早くからシューベルト文献にちらちら見え隠れするエディプス・コンプレックスの問題は、一八一三年の父の再婚によって解消されたとも言われるが、この問題はいかなる記録によっても裏づけられていないため、退学の理由としては除外されよう。

決定的なのは、神学校を巣立ったあとも、若きシューベルトは、この施設とそこで集った友人サークルとのつながりを保ち続けたこと、とりわけサリエーリにはプライベートで習い続けたことである。シューベルト自身が課題に書き込んだ日付によれば、サリエーリのレッスンは神学校に在籍中、声変わり間近の一八一二年六月一八日に開始された。最初の課程は対位法であり、やがてイタリア語による声楽曲の声部処理まで進んだ。このレッスンがどれだけシステマチックだったのかについてあとから見積もるのは難しいにせよ、要するにシューベルトは徹底してプロフェッショナルな作曲教育を受けたのであり、それはようやく一八一六年一二月、つまり最初に両親の家を出たのとほぼ同時期に終了する。それはほかの少年には決して認められない、おそらくシューベルトの類まれな才能にのみ許された当初からの特権であった。

その少し前、一八一六年四月にシューベルトは早くも、空席となったライバッハ（今日のリュブリャナ）の師範学校の音楽監督の職に応募する。これは不首尾に終わったものの、その際にシューベルトは、サリエーリが書いた、簡潔ではあるが非常にポジティヴな成績証明を提出している。シューベルトはこの時期、グラーツ出身のアンゼルム・ヒュッテンブレンナー（一七九四〜一八六八）と一緒にレッスンを受けていたのだが、師への敬愛と心服は終生にわたって変わることがなかった。そのことは、みずから作詞した《サリエーリ先生五〇歳の誕生祭によせて》D四〇七（一八一六年六月）に早くも現われているし、後年になっても一八二一年出版のゲーテ歌曲集 作品五の献辞に表明されている。

つまりシューベルトは、神学校時代の多くの友人と異なり、何らの課程も修めることがなかった。彼が修めたのは——おそらくは退学後に父に急かされてのことであるが——聖アンナ王室帝室師範本校（今日の第一区、アンナ小路《ガッセ》）の教員養成課程のみである。一八一四年夏まで続いたこの課程で彼は、父の学校でともに働くための補助教員および小学校教員の資格を得た。

どれくらい熱心に、あるいは気乗りしないままにシューベルトはこの仕事に就いていたのだろうか。神学校を出て家族の輪に帰ってきた男がそのわずか三年後にはふたたび両親の家と教職を捨てた、という事実がそれを物語る。しかも確かな仕事のあてが何ひとつないままにそうしたのである。これに対して父や家族がどんな態度を表明したかはまったく知られていない。一八一七年秋から一八一八年初夏にかけてシューベルトはいま一度、数ヵ月間だけ家族と教職に戻り、ともかくこれによって兵役を免れた。遅くとも一八一八年一一月には両親の家から最終的に巣立つこととなるが、その前に数ヵ月間、一八一八年七月から一一月まで、当時のハンガリー領ゼレチュ（今日ではスロヴァキアのZseliezovce）でヨハン・カール・エステルハージ伯爵の音楽家庭教師を務めた。これは、教職から最終的に決別するためのいわば過渡期となったが、教職から逃避する絶好のチャンスでもあったかもしれない。

　教職からも両親の家からも解放されたシューベルトは、たいていは友人の誰かのもと、市内部《インネレシュタット》に住んでいた。ただしそのあとも二回ほどは（一八二二～二三年冬と一八二四～二五年冬）ロッサウの両親の家に、やむをえず短い期間だけもぐりこんだようである。

　芸術やインテレクチュアルな話題に活気づく友人サークルとの緊密な結束は、これまでシューベルトの伝記で生きいきと描かれてきたが、この現象も神学校時代に端を発する。この友人サークルには同年代だけでなく年長者もいた。神学校の生徒がすべてギムナジウムの生徒であったわけではなく、もう大学生になっていた者も多くいたからだ。

　友人たちが後年に残した数多くの回想が証するように、若きシューベルトは大学生のなかにあっても当初から尊敬され、感嘆を集めていた。その類まれな楽才によってシューベルトは早くから、ヴェンツェル・ルジチュカが不在のときも、嫉妬など買うことなく皆を統率する役割を担い、神学校オーケストラの実質的な指揮者となっていたのである。それだけでなく、一三歳の少年は最初期のいくつかの作品、とりわけ歌曲によって驚嘆を巻き起こしていた。

　神学校時代の友人のうちできわだっているのが、シューベルトの伝記にとってきわめて重要な人物であるヨーゼフ・フォン・シュパウン（一七八八～一八六五）である。オーバーエスターライヒ出身のシュパウンはグループの最年長であり、一八二一年にリンツに帰郷するまでシューベルトの庇護者のような存在だった。ほかにはアントン・ホルツアプフェル、アルバート・シュタードラー、ヨーゼフ・ケナーがいる。

シューベルトが神学校を退学したあと、こうしたウィーンでの最初の友人グループに続いて、これとなかば重なり合う新しいサークルができる。その発祥の地リンツでは、ヨーゼフ・フォン・シュパウンの弟アントンを中心とした文学・哲学クラブが一八一一年に設立されていた。アントンはウィーン大学在籍中にシューベルトと知り合い、クレムスミュンスター修道院およびシュタイアー〔オーバーエスターライヒの都市〕で過ごすようになった。シュタイアー出身のヨハン・マイアホーファー（一七八七～一八三六）と友情が結ばれたのもシュパウン兄弟を介してである。マイアホーファーとの友情は、長続きこそしなかったがたいへん重要なものだった。二度目に両親の家から出たシューベルトは、マイアホーファーと二年の長きにわたって住居をともにした。リンツ出身の友人には、アントン・シュパウンとならんでアントン・オッテンヴァルト（一七八九～一八四五）がいる。クレムスミュンスターからウィーンに移住した友人に、ヨーゼフ・クライルとフランツ・フォン・シュレヒタらがいる。

しかし、なかでも生涯にわたっておそらく最も深い影響を与えた最も親密な友人が、フランツ・フォン・ショーバー（一七九六～一八八二）である。ショーバーは、最初に両親の家を出た一九歳のシューベルトをすぐさま自分の家（今日の第一区、トゥーフラウベンとランズクロン小路《ガッセ》の角）に迎え入れた人物であり、教職を辞めるよう促した張本人だったかもしれない。シューベルトの没年には、これにヒュッテンブレンナー兄弟を中心としたグラーツの友人サークルが加わる。ヨーゼフ・テルチャー、ヨハン・バプティスト・イェンガー、ゾフィー・ミュラーといった面々である。

広範に枝分かれしたこの交際は、たしかに解体の危機に瀕することもあった。たとえば一八二四／二五年

クレムスミュンスター修道院とギムナジウム(中央後景)は今日もそのまま残る。リンツからバスで行けるのどかな街。フェルディナント・ルンク(1764〜1834)によるカラー銅版画

にシューベルトは、精神的なレベルの低下や中心メンバーの不在によって友人の集いがあからさまなどん底に陥ってしまったことを残念がっている。とはいえ友人たちの集いはシューベルトの社会的存在にとっての定数であり続け、その実際的なバックボーンをなしたのである。

シューベルトは早くからこの交際の中心点を作り上げていたにちがいない――いやそれどころか、時にはこれを長きにわたってつなぎとめる唯一の原動力でさえあったにちがいない。そんな原動力のゆえんとして絶えず引き合いに出されてきたのが、音楽の才能である。ショーバーにとっては、シュパウンからシューベルト歌曲について伝え聞いたことが、一八一五年にこの作曲家と親交をもつきっかけでさえあった。一〇歳年上のヨーゼフ・ヴィルヘルム・ヴィッテチェク(一七八七〜一八五九)も、似たような動機からやはりシュパウンの仲介によってシューベルトと交友を結んだ。ヴィッテチェクは、後に多額を投じて初期のシューベ

ルト出版譜と筆写譜を入手しうる限り集めた人物である。

友人たちは皆、今日の言葉でいえば芸術と文学の教養を積んだ知識人であったが、しかし知性的な興味関心を追求してそれにふさわしい生き方をしようとする者はほとんどいなかった。彼らはむしろ数年間の勉学を修めた後には市民的な仕事に就いて家庭生活を得ることを目指し、おのおの成人してからは交際も途絶えがちになった。

シューベルトの友人のうちでも芸術家はごくわずかであり、彼らは決まった勤め口をまったくもたなかった。すでに名前を挙げたが、たとえばサリエーリの生徒で作曲家でもあるアンゼルム・ヒュッテンブレンナーを、シューベルトはふざけて「コーヒー、ワイン、ポンス酒の兄弟」と呼んだことがある〔Dok., 60／四九頁〕。あるいは後年になって初めてサークルに加わった画家モーリッツ・フォン・シュヴィント（一八〇四～一八七一）とレオポルト・クーペルヴィーザー（一七九六～一八六二）、すでに名を成していた喜劇作家エドゥアルト・バウエルンフェルト（一八〇二～九〇）、後にミュンヘンの宮廷楽長となるフランツ・ラハナー（一八〇三～九〇）、あるいはウィーンで宮廷楽長になったベネディクト・ラントハルティンガー（一八〇二～九三）。芸術家として結局は誰より成功を収め、年金生活に入るまで現役の公務員だった詩人フランツ・グリルパルツァー（一七九一～一八七二）は、シューベルトの知己ではあったが決して友人サークルの中心となることはなかった。

父からの相続財産を自由に使うことのできたフランツ・フォン・ショーバーだけは、大学を突然辞めた後一時的な放蕩生活に入った。シューベルトが、どうやら同じメンタリティをもつらしいショーバーに共感を抱いていることは、年長の友人たちにとって嫉妬のもとになったが、ともかく年長者たちの意見によれば、ショーバーはこの放蕩生活にシューベルトを引き込んだらしい。だが事情はむしろ、シューベルトは――実際には歴然とした才能の違いがあったにせよ——徹底して追いかけるべき人生の青写真をショーバーのうちに認めた、ということだったのだろう。

シューベルトの歩みは、こうした友人の大部分とくらべてまったく異例だったというわけではないが、しかし芸術作品を主要な収入源にしようと意識していた点で、はるかに一貫している。歌手としてもピアノ奏者としてもヴァイオリニストとしても、その腕前はヴィルトゥオーソとは言いがたいからには、演奏家としての生き方はシューベルトにとってまったく念頭になかった。その事実を考慮に入れると、ぬきんでてリスクの高い作曲家としての生き方はなおさら目を引く。大事なのはまさに作曲することであった——シューベルト自身も時おり、まさに内なる衝動として感じていたにちがいないあの途方もない創造性を、妨害されることなく伸ばしきることであった。あとで詳しく述べるように、そのように生きたいという計算は結局のところ、しだいに実を結んでいった。ただし実を結んだのは人生の最後の瞬間、ようやく三一歳になったばかりの男を死の病が見舞ったときであり、そのことが人生全体の収支になにか悲劇的な感じを与えているのは間違いない。

## 自由に創造した最初の作曲家?

ではシューベルトはその短い人生で、モーツァルトにも、一世代上のベートーヴェンにもできなかったこと、つまり自分の作曲の収入だけで生きるという偉業を成しえたのであろうか?

自由に創造する作曲家という先駆的な生き方は、一八世紀終わりにロンドンで徐々に開拓されてきた。新しい生き方がこの遠方かつ新進の都市で開拓されたのには、もっともな理由があった。若きシューベルトの時代の大陸にあって、この新たな生き方は、確立された職業領野とはまだとうてい言えなかった。モーツァルトでさえ、作曲家として生きるには、コンサートや日々のレッスンでの収入に加えて宮廷の名誉職に頼らなくてはならなかった。ベートーヴェンは、若い頃は同じくコンサートを開き、乗り気でなかったとはいえレッスンをほどこし、一八〇九年以降は相当な額の年金を受け取った。貴族のパトロンからなる団体が彼のため終生にわたって年金システムを整えてくれたのである。

作曲だけを頼りに、ただ生活するだけでなく裕福にさえなれたのは、ウィーンではようやくシューベルトの時代、さらにはブラームスの時代になってからのことである。

「この日、僕は初めて金のために作曲をした」。一八一六年六月一七日、一九歳のシューベルトは日記にはっきりと誇らしく書いている（Dok., 45／三七頁）。ここで言われているのは、友人たちの斡旋で、友人たちのある教授のために作曲されたプロメテウス・カンタータ（今日では消失）のことで、報酬はウィーン通貨（W.W.）でじつに一〇〇グルテンにも上った。この経験は、教職と両親の家から自由になるチャンスを実らせ、その決断を力強く解き放ったにちがいない。

すでにそれ以前、教員養成課程を終えた一八一四年秋に、芸術家としてのシューベルト伝のなかで決定的な出来事があった。九月二五日のこと、出生地リヒテンタール地区にある教区教会で行われた記念祝典で、へ長調ミサ曲D一〇五が鳴り響き、公の盛大な喝采を浴びたのである。おそらくはサリエーリの仲介があったのだろう、このミサ曲はその後ただちに、市内部にある聖アウグスティナ宮廷教区教会で、選り抜きの聴衆を前に再演された。一七歳で収めた公での最初の成功と、一九歳で手にした相当な報酬――まさにこのあいだに、父の望む職業基準にふさわしくあろうと努力がなされたのだが、善意からのこの努力はあっという間に挫折した。

弟アンゼルムとともに一八一七年からシューベルトと親しくなったヨーゼフ・ヒュッテンブレンナーによる後年の回想によれば、シューベルトは彼に何度かこう言ったらしい。「国家が僕を雇うべきだ。[…]僕はただ作曲するためだけに生まれてきたのだから!」(Erinn., 89/九一頁)。これはもしかすると真実ではなく作られた逸話であったかもしれないが、だとしたら非常によく作られている。ここに誇張された青年の自意識は、別の所でも記録されているからだ〔たとえば一八一八年には、「神のように作曲する」自分と「堕落した演奏家」の生き方をことさらに区別する手紙が書かれている(ショーバー宛)(Erinn., 63/五四―五五頁)〕。

いずれにしてもシューベルトは、自由な創作という生き方のモデルを――敗北や危機に見舞われることもあったにせよ――首尾よく現実のものとすることができた最初の作曲家に数えられる。もっとも、自由な作曲家としての自意識がようやく満たされたのは、後期の充実感によってだろう。一八二六年にシューベルトは、広く読まれたヨハン・ペツルの『ウィーン描写』第七版で、ウィーンの著名な音楽家に「作曲家」として(郊外のヴィーデン地区にあるカールス教会ならびの「フルーヴィルトの家」という当時の住所の正確な情報つきで)名を連ねている(Dok.$^{2}$, 263)。

エステルハージ伯爵家の音楽家庭教師に雇用されたこと(一八一八年七月から一一月までと一八二四年五月から一〇月に、ハンガリーの地所およびウィーンにあるエステルハージの居所で)を別にすれば、最終的に両親の家を出てからというもの、シューベルトは自身の作曲以外のいかなる収入源にも依存することはなかった。実入りの多い地位に時おり応募もしたが(一八二五年には宮廷オルガニストに、一八二六年には宮廷副楽長とケルントナートーア劇場の副楽長に)、いずれの場合もほとんど気乗りしないままそうしたにすぎないか、もしくは(ケルントナートーア劇場のケースがそうであるように)応募したこと自体もごく限定された信憑性しかもたない。

自由な芸術家へといたる最終的な決死の跳躍。そこに向かうためのそもそもの踏切板となったのが、神学校時代から絶え間なく続いた熱狂的な友人と支持者のサークルであったにちがいない。一八一六年四月、おそらく最も思慮深く積極的な友人だったヨーゼフ・フォン・シュパウンは、シューベルトのゲーテ歌曲を集めた曲集に長い手紙を添えて、「詩人君侯」ゲーテに送った(四七—四八頁参照)。返事こそ来なかったものの、このイニシアティヴそのものが親友として雄弁である。最初に両親の家を出たときに、ともかくシューベルトは生涯の作品のうちかなりの部分——六〇〇曲を超える歌曲のうちでは二〇〇曲——を早くも書いていた。そんな作曲家にとって、リヒテンタール地区の聴衆による熱烈な支持や、友人たちが絶えず寄せてくれる激励に加え、知人の輪だけでもこの先かなりの報酬を伴う作曲依頼を見込めるだろうという計算があったはずだ。それは、教職を辞する決断に際して少なからぬ確信の源だったにちがいない。

これらの経験はもちろん、競争率の激しい匿名の楽譜市場にあっては成功を保証するものではない。それは親密な小市民的環境および熱狂的なシンパのサークル内での確証にすぎなかったが、しかしこのことによって若き作曲家とおそらくその家族は、プロフェッショナルな音楽家なるもののリスクを計算することができたのではないだろうか。リヒテンタールでのミサ曲の上演は文字どおりホームゲームであったにちがいないが、直後の市内部アウグスティナ教会での再演はそうではない。

こうした転換によって印象深く示されるのは、友人関係のネットワークが、シューベルトにとってどれほど本質的なものであったかということである。エステルハージ家での仕事を別にすれば、シューベルトはたった数回、夏にオーストリア国内で大規模な旅行をするのみだったが、それらはいずれも友人や崇拝者を訪問する目的をもっていた。拡大してゆく旅行の地理的範囲は、シューベルトの社会的なネットワークがしだいに広がっていったことを示している（一八一九年にはシュタイアーとリンツ、一八二三年には再度リンツとおそらくクレムスミュンスター、一八二五年にはザルツブルクとグムンデン・ガスタイン、一八二七年にはグラーツ）。

音楽史のなかで最初の、自由に創造する作曲家であったシューベルトは、なにも、金のかからない共同生活と財政上の連帯感に頼って生きたというだけではない。その共同生活は、組織的な友情と慣習化された交際に庇護されていたのであり、この二つは当時のウィーンを特徴づけるものだった。

## ビーダーマイアーとフォアメルツのあいだで――音楽における交際の文化

今日的な意味での、制度化された公のコンサートというものは、シューベルト時代のウィーンにはまだなかった。すでに述べたが、パリやとりわけロンドンといった首都での音楽生活のほうが、世紀が変わる前の段階で、はるかにシステマチックに組織されていた。モーツァルトやベートーヴェンの伝記などからわかるとおり、世間に認められた音楽家や著名な作曲家がウィーンでコンサートを開催するには、リスクを自分の身に背負う必要があった。そのために金を払って借りたのが、スケジュールのない日のブルク劇場や、フライウングのホテル「ローマ皇帝館」にあるようなしかるべきホールである。夏にはアウガルテンにある人気の音楽ホールも貸し出された。

後にウィーンの名高い音楽文化を担うことになるいくつもの施設は、シューベルトの生前にようやく、プライベートな発意あるいは組合の発意からしだいに育ち始めた。たとえばすでに触れた楽友協会は愛国的な集まりであり、大規模に音楽を育成すべく一八一二年に設立されたが、またたく間にグラーツやリンツやインスブルックで似たような協会が作られ、一八一七年から同協会は初めて、ウィーン音楽院の経営に乗り出した。

これらの施設の特徴は、社会的にきわめて融通が利く点にある。もちろん音楽の営みと絶えずかかわる限りにおいてではあるが、貴族と市民のどちらも比較的自由に交えて参加することが可能なのである。

ウィーンの音楽熱の基礎を作ったのは、広く普及した家庭での演奏である。数えきれない貴族の家庭のみならず、しだいに数を増していた市民の世帯にはあまたのピアノが置かれていて、人々は室内楽演奏のために集ったり、ソロ歌曲や集団での歌を日常的に楽しんだりしていた。こうしたさまざまな機会のために産み出されてウィーンの音楽出版に比類なき全盛をもたらした音楽レパートリーは、容易には見通すことができない。その研究は今日ようやく緒についたばかりである。

少年シューベルトもヴァイオリン奏者として、家庭弦楽四重奏団の一員だった。シューベルト初期の室内楽の大部分は、このなかで成立したものであろう。神学校では日常的にオーケストラ演奏が行われていたため、さらに大きな編成での実験が可能だった。第一交響曲（一八一三年一〇月）はおそらくこうした背景をもっており、学業を終えてからも神学校とのつながりは続いた。

神学校を退学したあと、シューベルトにとって重要になったのは、小規模なディレッタント・オーケストラである。当初はドロテア小路《ガッセ》にある商人フランツ・フリッシュリンク邸に集うのみだったが、一八一五年秋からはそこに客を招いて演奏するようにもなった。人数がどんどん膨らんでいったため、一八一五年末には会場はブルク劇場のヴァイオリン奏者オットー・ハトヴィヒ邸（場所はショッテンホーフ、一八一八年春からはペータースプラッツとホーエマルクトの間のグンデルホーフ）に移った。

ディレッタント・オーケストラとは、愛好家と有償のプロ音楽家の混合からなるもので、メッテルニヒ時代のウィーンでは典型的な現象だった。ハトヴィヒが離脱してからもこのオーケストラは存続したが、一八二〇年秋には金欠のため活動を停止せざるをえなくなった。シューベルトの初期オーケストラ作品、すなわち最初のいくつかの交響曲と序曲は、このアンサンブルのために成立したと見てまず間違いない。

市民がみずからウィーンの音楽生活を組織するという現象にとって、劣らず重要だったのが、帝室の顧問官であり〔法学〕教授としても教鞭を振るったイグナーツ・ゾンライトナー（一七七〇〜一八三一）邸での催しである。プライベートな通し稽古から始まったこの催しはしだいに、なかば公共的な産物にまで育っていった。

一八一五年五月から一八二四年二月まで絶えず「音楽練習」の名称のもとに続けられたこのコンサートには、あらかじめ入場券を割り当てられた聴衆が訪れ、その数は最終的に一二〇人に達した。演奏されたのは主としてオペラの抜粋や声楽アンサンブルや室内楽であるが、おそらくはシューベルトと親交のあった長男レオポルト・ゾンライトナー（一七九七〜一八七三）の特別な仲介によってであろう、シューベルトのいくばくかの作品もこの場で初演を果たした。イグナーツとヨーゼフによるゾンライトナー兄弟が、楽友協会の設立の発起人に名を連ねているのは偶然ではない。協会主催の「夕べの集い」も、一八二二年までは同じくグンデルホーフにある彼らの住居で開かれたのである。

開催地はやがて「赤針鼠館」（市内部、ウンター・デン・トゥーフラウベン）に定着した。そのほか、すでに長いあいだよく使われていた「ローマ皇帝館」のレストラン・ホールや、一八一三年以降はコンサートにも利用されていた市内部ヘレン小路《ガッセ》にあるラントシュタットのホール（あるいはたんに「ラントハウス・ホール」

ともいう）なども開催地となったが、一番の拠点は「赤針鼠館」である。

ウィーンの音楽生活に特有なのが、宮廷参謀会議の議員ラファエル・ゲオルク・キーゼヴェッターを中心とした少数精鋭のサークルであり、その邸宅では一八一六年から愛好家による「歴史的な」コンサートが催されていた。つまり、ここで人々は明確な意図のもとでいわゆる「古い」音楽に夢中になっていたということだ。

シューベルトは遅くとも一八二三年にはキーゼヴェッターと知り合ったことが知られており、最晩年にはその娘イレーネの快気を祝うカンタータ《澄んだ小川のせせらぎのように》D九三六さえ作曲している。このサークルでシューベルトは、バッハとヘンデルの音楽に習熟できたにちがいない。

ただし、芸術上の付き合いをほぼ毎日のように営んだのが、すでに書いたように多彩な友人・知人との交際だったのは間違いない。とはいえ、その状況を正確に再現するのは難しい。メッテルニヒのウィーンではこの類のサークルが、雨後の筍のごとく、それもじつにさまざまな構成を見せつつ芽生えていた。クーペルヴィーザー兄弟とアンシュッツ兄弟を軸とした「ナンセンスクラブ」もそのひとつである。これについてはたいへん詳しい記録が残っているものの、しかしこの場合ですら、シューベルトの友人の何人かはきちんと特定することができていない。

これらの友人の多くは、シューベルトの死後一〇年ほど経ってからようやく、最初の伝記に刺激を受けて、しかるべき情報を提供するようになった。彼らの回想は豊富に寄せられたが、そのいっぽうで同時代の記録は、どちらかといえば全体として慎ましいものである（たとえば一八二〇年代なかばにウィーンにやってきたハルトマン兄弟による日記の書き込みなど）。年月が経過してから整えられた資料には、たしかに用心深く接しなくてはならない。だがそれを踏まえてもなお、シューベルトが生涯をとおして雑多な社交サークルとの結びつきを絶やさなかったこと、そしてそれらのサークルが、音楽によって楽しませるというシューベルトの才能を支えていたこと、これらのことは明らかである。

娯楽にかんしては、夏の郊外へのピクニックや「ソーセージ・パーティ」を含む純粋な気晴らしから、読書会でのハイレベルな知的ディベートまで、じつに多彩な集まりが催されていた。もっとも後者については、メッテルニヒによる監視体制のもとでは限られた範囲でしか展開されなかった。

「シューベルティアーデ」という名は、この交際のあり方を指すべく、その最も重要な立役者の一人であるフランツ・フォン・ショーバーがおそらく考え出したもので、一八二一年頃に使われ始めた。その集いで議論された文学や哲学の談義は、ともすれば過激にもなったろうが、それをうまく無害に見せかけるために「シューベルティアーデ」という他愛もない名称が使われたのかもしれない。ともかくこの名称は、集いがどれほどシューベルトを基準にまわっていたかを如実に物語っている。ワルツやレントラーやエコセーズといった舞曲を、ピアノを前に夜通し弾きまくることも珍しくはなかったからだ。

さらに考慮に入れるべきなのは、居合わせた親しい知識人や文学者や造形芸術家の面々とならんで、シューベルトがほかならぬ真摯な作曲家として——歌曲や舞曲だけでなく器楽の作曲家としても——受け入れられていたということだ。いうなればシューベルトは、ディスカッションに音楽の側から参加するパートナーとして尊重されていたのであった。この点については、あとでもう少し詳しく触れよう〔五六頁〕。

右に述べてきたような文化を「ビーダーマイアー」という類型で単純化してしまう前に、この時代にはもうひとつ、政治的に無害などとは到底言えない側面もあったことを思い起こさなくてはならない。一八四八年に勃発した革命からさかのぼって「フォアメルツ」〔三月革命以前〕と称されてきた側面のことである。シューベルトの友人たちによるビーダーマイアー的な団欒《だんらん》がこうした側面にも深く関わっていたことを示すエピソードがある。それは友人サークルを後々までも震え上がらせたものだ。シューベルトの神学校時代の友人で、ラディカルな政治思想の持ち主だったティロル出身のヨハン・ゼン（一七九五〜一八五七）を中心とする知識人のサークルがあった。このサークルは長らく警察の監視対象となっていたのだが、一八二〇年三月のこと、ついにゼンの住居が不意の所持本検査を受ける。これによってゼンは逮捕されてティロルに追放されたうえ、知識人としてのキャリアも永久に抹消された。ほかの友人たちとともに家宅捜索を目撃したシューベルトは、このとき官憲への口汚い「言葉での侮辱」によって目をつけられたらしく、「ロッサウの補助教員」（Dok., 88）として公文書に記録されることとなった。

脅迫措置ともいうべき印象を残すこの事件のあと、友人たちの定期的な集まりがはたしてどれほど無害な音楽的「シューベルティアーデ」を装い続けたかは、想像するしかない。いずれにせよシューベルトはそのなかに社会的ネットワークを見出したのであり、さしあたり当分は生き延びることができた。というのも、注目すべきことだが、父親の所帯をあとにしたシューベルトはその後ただちに、ショーバーのもとで家賃のいらない暮らしを一年間続けられたのである。そもそもシューベルトが一人で住んだのは三回だけ、いずれも短い期間でしかなかった。生活の保障された教職を辞めるに際して、友人のネットワークが最も大事な防護となったのは間違いない。

第二章

# 最初のチャレンジと早熟

*Erste Versuche und frühe Meisterschaft*

## 諸ジャンルの体系的制覇

完全なかたちで残されたフランツ・シューベルトの最初の作品は一八一〇年にさかのぼり、この作品をもってオットー・エーリヒ・ドイッチュは、時系列順に整理された作品目録を開始している。最初の作品とは、四手ピアノのための幻想曲ト長調D一である。自筆譜に見られる手書きの日付は、シューベルトが四月と五月の三週間ほどにわたってこの作品に取りかかっていたことを示している。神学校に入学して一年半後に開始されたわけだが、かなり確かな筆跡で書き進められたこの作品によって、すでに作曲家がある種のルーティン作業さえ意のままにできていたと推測できる（ただし、作曲活動のそもそもの始まりがいつだったかははっきりしない）。

しかし、たんに作曲が早くから開始されたことよりもずっと驚かされるのは、かけ出しの若者にして、ほとんどあらゆるジャンルに手を伸ばしていることである。ドイッチュの目録を見ると、最初の一二項目で早くも、ピアノ音楽、歌曲、四重奏および五重奏の編成をとる弦楽室内楽、交響曲およびオーケストラ序曲の書き出しと演劇の序曲、さらには（断片に終わった）舞台作品《鏡の騎士》D一一が手がけられている。たしかにこれらの作品、とりわけ室内楽とオーケストラ音楽では試作に終わっているものも少なくないが、しかしすべてが一八一〇／一一年という早い時期に生まれており、教会音楽と協奏曲を除けば、当時の音楽ジャンル体系が供していたほぼすべてを実現しているのである。

このようなチャレンジを促し、あるいは可能にさえしたのが神学校の音楽環境であったことは疑う余地がない。完成されたオーケストラ作品、たとえば演劇のための序曲D四などは神学校のオーケストラによって初演されたであろう。この若き作曲家は、円熟期の作品にならば難なく認めうるはっきりした個性を、すでに当初から目指していた。つまりシューベルトは、音楽史における偉大な普遍主義者《ウニヴェルザリスト》の一人であり、その一生涯の仕事において実際あらゆるジャンルを豊富に開拓し、しかもそれぞれに重要な作品を残した。唯一の例外は、作品目録にソロの器楽協奏曲が欠けていることであるが、これについてはあとで触れよう〔一〇九頁参照〕。

若きシューベルトは作曲の際に、手助けや手ほどきに頼ることはできなかっただろう。一八一二年夏にサリエーリのもとで開始されたレッスンは、もっと別の領域に、すなわち宮廷楽長という役職によって手中に収めていた専門技能に向けられていたからだ。それはオペラと声楽である。全ジャンルが一体どれほどの広がりをもつか測定するために、シューベルトは手本となるモデルに沿って方向感覚を得るしかなかったのであり、その意味で具体的な先駆者すら想定されるケースもままある。たとえば弦楽五重奏のための序曲D八のモデルとしては、ルイージ・ケルビーニのウィーン・オペラ《ファニスカ》序曲が挙げられてきた。なるほどこのシューベルトの序曲は、同時期の器楽のなかでは比較的確かな形式構成をそなえており、ケルビーニの模範作に正確に沿うことが作曲の指針となったのであろう。

だがここで目を引くのは、オーケストラ作品が室内楽の構成に移し替えられていることだ。それは弦楽四重奏のための別の初期作品にも認められる特徴であり、その多くにあってはハイドンあるいはモーツァルトの交響曲楽章が模範の役を演じていた可能性が高い。この事態は、音の運びを構成する要素がジャンルごとに違っていることを、一三歳ないし一四歳の作曲家がいまだ完全には意識していなかったことをも意味する。

両親の家を最初に出るまでに書かれた初期の弦楽四重奏曲の多くもまた、ジャンル類型的とは言えず、オーケストラ的と呼ぶ以外にほとんど説明がつかないような進行をしばしば見せる。さらに加えて、神学校のオーケストラや家庭の弦楽四重奏団で若きシューベルトが知ったオーケストラ作品の多くは、どうやら豊富に出回っていた編曲もののひとつにすぎなかったという事情も、ジャンルの境界をぼやけさせる傾向に一役買っているだろう。

いずれにしても、神学校オーケストラのレパートリーは（当施設の文書館は失われてしまったため、そのレパートリーをしっかり復元することはできないのだが）、今日知られる「古典的な」規範《カノン》に限られるものでは決してない。ハイドン、モーツァルト、ベートーヴェンの交響曲・序曲とならんで、そこにはプレイエル、クロンマー、ロセッティ、ロンベルク、ヴァイグル、スポンティーニ、ケルビーニの交響曲・序曲も含まれていた。

ただしそのいっぽう、変ロ長調のピアノ・トリオ楽章D二八（一八一二年夏）のように、古典的なモデルを吸収するにあたって既存のジャンルの枠組みに厳格にとどまったケースもある。模範になったのは、同じ調で書かれたモーツァルトのピアノ・トリオKV五〇二だったと推測しても許されようが、この点でシューベルトの自筆譜にはきわめて興味深い特徴が認められる。すなわち、前半のほとんどの音の運びは、まず鉛筆で下書きされ、後の段階になってインクで確定されている。そのため作曲プロセスはそれにしたがってかなり鮮やかに復元できるのだが、この作業によって、フランツ・シューベルトの個人様式を示す独自性が、驚くほど早い時期に予示されていたことが明らかになる。ロベルト・シューマンが後に「天国的な長さ」という美しい表現を与えたあの独自性である。形式上の各部分を引き延ばすという意味での長大さ――それは経済効率《エコノミー》や簡潔さの対極をなす――によって、旋律がいつまでも終わりなく歌い尽くされており、この長大さが、システマチックに、それも作曲上のさまざまな段階で生み出されているのだ。

この楽章の提示部はさしあたって、概略においてはきわめて明確にモーツァルトのモデルを踏襲しつつ、主要主題、転調する推移部、属調での副次楽節と進む。提示部の寸法どりは、模範にならうことでじつに古典的に決められていて、提示部の末尾には、求められる複縦線が、繰り返しを意味する複縦点とともに書き込まれている。

ところが、続く段階でシューベルトはこの複縦線による区切りを抹消し、属調で始まる展開部冒頭――ちなみに展開部はモーツァルトの見本と同じ旋律定型で作られている――をあっさり属調による副次主題の開始に変更してしまう。こうしていまや模範をはるかに引き離し、広大なスペースのなかで副次主題をさらに引き延ばしてゆくのである。これを経てようやく、次の形式部分――展開部および当然のように大規模な再現部――が続く。

この処置の啓発的な点は、モデルからのはっきりそれとわかる逸脱点が、古典的に意図されたプロポーションを一息にしてグロテスクなものへと歪曲してしまうところにある。だがこのことによって、ある作曲上の衝動が明るみに出る。それは、〔直線的・時間的でなく〕空間的な広がり、すばやい展開（Entwicklung）ではなく元々あったものをゆったりと展《ひら》いてゆくこと（Entfaltung）、飽くなき旋律の紡ぎ出し、構造上の経済効率《エコノミー》にまったく無頓着なことである。これらの衝動は、ほかならぬシューベルト的語法《イディオム》に数えられる。それをコントロールする術は、作曲家として成長してゆくプロセスでようやく身に着いたにちがいない。

この若書きの作品にあって、上記のすべてはいかにも手仕事的でぎこちないものにとどまってはいる。しかし円熟期になるとシューベルトは、これらの性質によって、一九世紀の音楽風景を根本から一変させてしまうような何かを発展させたのである。こうして問題はほぼ露わになったのだが、その解決のためには、さらに何年もの実験と研究を待たなくてはならなかった。

とはいえ、モデルへの依拠が当てはまるのは、シューベルト初期の器楽のなかではごく少数にすぎない。

初期の器楽においてむしろ特徴的なのは、およそ考えうるあらゆる方向へ逸れてゆく、そして形式上どうやっても一義的には説明できないような実験がなされていることである。ジャンルの別を問わず、そうした作品のほぼすべてを明らかにしてくれるのが、古典的ソナタ形式への取り組みである。

「ソナタ形式」は、当時もはや比類のない構造モデルとして確立されていた。これに対する初期シューベルトの取り組みは、まったく目立った印象を与えないが、はっきり自覚されつつ、いまだ不器用に行われていた。ファンタジーであることが明らかな初期ピアノ作品は、そもそもソナタ形式の要求に応えるものではありえないが、いっぽうで初期の弦楽四重奏曲と序曲は、ソナタ形式を構成するための文法を、若き作曲家がいまだまったく見通していない、といった印象すら与える。

極端な例が、オーケストラのための序曲D四である。ここでは全体をとおして転調が一度も行われず、主調の二長調を離れることがない（そのかわりに心を砕いたのが、声部書法と楽器法の問題であった）。そしてこの調的平衡が、続く諸作ではもうその正反対に、つまり後年のシューベルトを特徴づける和声の多彩さに転じているのだから、形式構成のための多様な調領域は、計画立ってコントロールされているというより、まだ混沌のうちにある。一八一三年一〇月に最初の交響曲が完成されるまで、いかなる器楽曲にも、納得のいく形式をそなえ構造的に調和したソナタ楽章は存在しない（ただし右に述べたような、ハイドンやモーツァルトやケルビーニのモデルに従ったことが明白な作品は除く）。

こうして、最初の三年間の器楽作品を一瞥してみると、シューベルトの作曲工房への深い洞察が得られる。それは、観るものの好意と態度によっては素人小屋とも見えようし、あるいは大胆な実験室とも映るにちがいない。多くの初期作品には、構造上の多義性に向かう野心――それは円熟期シューベルトの最も大事な美学上のトレードマークとなるだろう――が認められるが、それらは多くの場合、音づかいは新鮮であるにせよ形式の不明瞭に陥っている。第一交響曲D八二はこの意味でまさに突破《ブレイクスルー》であった。この作品が書かれた一八一三年秋をもってようやく、構造的なわかりやすさという長所が優位を占めるようになったのみならず、構造的なわかりやすさを確立する手段が意のままとなるにいたった。これ以降シューベルトの器楽ソナタ形式は、たしかに我意を通すこともあったにせよ、絶えず偉大なる明晰さのうちにあって紛うことなき音づかいを飛躍的に習得してゆくのである。

だが、豊富な実験的要素とともに疑う余地なき弱点をも抱えた初期作品群にあって、さしたる迂回もなくすみやかに確立されたジャンルが一つだけある。歌曲だ。当初からシューベルトの特別なトレードマークになったとも言えるこのジャンルが、ただちに、そして後年にいたるまで、友人と同行者たちの関心を惹き続けたのも偶然ではない。またそれゆえに歌曲は、シューベルトが早くから成功の道に歩み入ったことを解き明かす真の手がかりとなった。

## 最初のトレードマーク――シューベルト歌曲なるもの

なぜシューベルトは歌曲において、手がけたそれ以外のどのジャンルとも比較にならないほどすばやく、充実した成果をあげることができたのか。それを簡単に言うことはできないが、神学校時代の友人たちが気づいたように、やはり比類ない抒情的天性という事実から出発すべきであろう。

詩というかたちでシューベルトが出会ったほぼすべてのものは音楽に姿を変えた。しかしその変貌の仕方は、文芸批評が抒情詩の詩的クオリティを感じる仕方とは、往々にしてまったく違う。シューベルトのこの抒情的天性はすぐれて受動的だった。自身の筆による、現存するわずかな詩は、たしかに立派なものではあるが、感じやすい亜流《エピゴーネン》による産物という当時の慣習にとどまっており、決して起爆力をはらんではいない――しばしばシューベルトの音楽によってのみ伝えられる友人たちの詩もまた同様である。だから、他人からの刺激に頼っていたらしい男にとってはもっともなことだが、自分の詩に曲づけすることなどほとんど思い浮かびはしなかった。一時的に旅立つ友人ショーバーに贈った《別れ》D五七八（一八一七）は稀有な例外である。

歌曲は安価で、最もコンパクトに演奏できるし、その多くがたった一葉の原稿を必要とするのみであり、どんな上着のポケットでも持ち運ぶことができる。いずれも、急速な普及を促した多大な利点である。このため歌曲は、ビーダーマイアーで育まれた交際のための芸術形式という宿命を、あらかじめ担っていた。ここでもシューベルトは、未墾の新天地を切り開いて作曲したのではなく、もう長らく続いてきたジャンルの発展につらなったにすぎない。ただし、決して些末ではない違いに気づき、重視したのである。というのも、器楽の数あるジャンルとは違って歌曲の分野では、ハイドン、モーツァルト、ベートーヴェンのビッグネームが、人を畏怖させずにはいない競合状態を――少なくともベートーヴェンの《遥かなる恋人によせて》作品九八（一八一六）までは――作り出してはいなかったのだ。

異常なほど迅速に、ほとんど夢のごとき確かさで歌曲をつかみ取ることができた理由としては、天才的にきわだった抒情詩の受容力に加え、以上のことが挙げられるだろう。現に、歌曲作曲家としてのシューベルトが根差し、従わねばならなかった作曲家は、身近な環境ではなく南および中部ドイツの出身であった。この先達たちの歌曲を採り入れることで、若き作曲家はほとんど不意を襲うようにして彼らを乗り越え、やがて独自の技術知《メチエ》へといたったのである。

シュトゥットガルトの作曲家・音楽監督ヨハン・ルドルフ・ツムシュティーク（一七六〇〜一八〇二）の七

巻からなる歌曲とバラード集は、神学校の焼失した文書館に所蔵されていたようで、抒情詩に音楽をつけたもののうちではシューベルトが知る最初のモデルとなった。ともかくもこのジャンルで現存する最初の作品——感情の起伏に富んだバラード《ハガールの嘆き》D五（一八一一年三月）——は、ツムシュティークによる手本のわずか数年後に作られたが、演奏時間でこれを一五分以上も凌駕するまでの拡大を見せている。続く、フリードリヒ・シラーのテクストをとりあげた《乙女の嘆き》D六（一八一一、あるいは一二）は、通作バラードと単純歌曲のいわば中道を保っているいっぽう、次の作品番号をもつ《屍の幻想》D七（一八一一頃）は、同じくシラーのテクストに基づくものの、類型的に整理しようとすると問題に直面せずにはいられない。

この最初の三例を見ただけでも、一九世紀初頭における歌曲の諸形式を専門用語でクリアに把握するのがいかに難しいかわかるというものだが、シューベルトは接触恐怖を感じることなしに、このジャンルの多様な広がりすべてを習得したのである。右記三例は、この制覇がいかにシステマチックだったかを示してもいる。シラーの《乙女の嘆き》にシューベルトはその後も二回音楽をつけているが（一八一五年五月のD一九一と一八一六年三月のD三八九）、それらは明らかに、より完成度の高い形式を不断に求めてなされた付曲であり、実際この三作をならべてみると、音楽の流れがいやましに理路整然となってゆくさまが見てとれる。すでにして第二作（二種類の稿が残されている）を、シューベルトは一〇年後に印刷された自分の歌曲集 作品五八（一八二六）に採用しうるものと判断している。

《乙女の嘆き》第二作は、後年シューベルトによる抒情詩歌曲の特徴となるべき歌曲タイプの、すでに完全な実例を示している。そのタイプとは、形式構想に富んだ有節歌曲にほかならない。その工夫は、（ここに見られるような）有節の単純な反復から、有節のきわめて精妙な変奏や入れ子状の作り込みにいたるまで、じつに多様である。

まず一方にあるのがバラードというジャンルである。これは物語られる筋書きに自然に沿って作られ、冒頭と異なる調で終わることも稀ではない。他方には単純な有節歌曲があり、音楽の小さな統一体が多様に繰り返されるのを理想とする。

歌曲形式の広がりのいわば両極端をなすこの二つのあいだで、ひたむきにそして確実にシューベルトは抒情詩を習得していったのだが、わけても数々の大規模なバラードは、いちじるしく長い年月をかけて磨き上げられている。たとえばシラーの詩に基づく《潜水者》D七七の作曲は、自筆譜によれば一八一三年九月から一八一四年四月にまでおよぶのみならず、一八一五年に成立した第二稿も存在する。

だが年を経るにつれて、発展の足跡がはっきりと浮かび上がってくる。バラードに由来する手法、すなわち冒頭とは違う調で終わる歌曲が、一八二三年以降、抒情詩に基づくシューベルトの全作品から完全に姿を消すのである。これは、みずからの歌曲美学が研ぎ澄まされ、堅固になっていったことを鮮やかに示す傾向である。

ケーニヒスベルク出身で後にベルリンと中部ドイツで活躍したヨハン・フリードリヒ・ライヒャルト（一七五二〜一八一四）の歌曲創作も、若きシューベルトにとっての主なモデルであった。少なくとも一八〇四年に出版されたライヒャルトの《愛と孤独の歌曲集》をシューベルトは知っていたはずであり、この曲集から多くの歌詞が引き継がれている。それは作曲に足る歌詞を見つける手段のひとつでもあった。先達がすでに音楽づけした詩を除外すれば、神学校の生徒が少なくとも在学中に親しむことのできた文学の規範《カノン》は、限定されたものでしかなかった。そこにはシラーはほとんど含まれていないし、そもそも同時代のドイツの創作物は例外的にしか見当たらない。

こうした傾向から、初期シューベルト歌曲の歌詞選択は説明されよう。主流を占めたのは、クロップシュトック、マッティソン、コーゼガルテン、クラウディウス、ヘルティといった詩人の詩であり、それらは流行の年刊詩集に収められていた。シューベルトはこれらの詩に基づいて、それぞれきわめて整然とした音楽をつけている。

ただし友人たちの筆になる抒情詩も、当初から歌詞の大部分を占めていて、この意味で初期シューベルト歌曲の全体は、ウィーン会議後のオーストリアにおいて文学がいかに受容されていたかを占めす興味深い記録としても、読まれてしかるべきである。一人で読書するよりも、むしろ友人たちを介して、シューベルトは音楽づけできる歌詞を多く見つけることができたのだろう。あたかもシューベルトの周りには、ふさわしい詩をひっきりなしに探し求めてくれる朗読サークルが日常的に存在していたのではないか、と思われるほどだ。このことからも、友情に満ちた交際がたいへん重要な意義をもっていたことがわかる。

要するに、多感主義の詩人、友人たちの抒情詩、古典主義の巨頭シラーおよび（後々まで最も深い影響を残すことになる）ゲーテが、今日では忘れられた多くの名前とならんで、シューベルトの最初の歌曲創作を支える根幹をなした。ゲーテの詩による《水上の霊の歌》は、単純な歌曲D四八四に始まって、大規模な弦楽伴奏を伴う四重唱D七一四まで発展を見せており、この詩人に対する計り知れぬ尊敬の念を物語っている。

おそらくシューベルトは、先輩ライヒャルトが、ヴァイマルの大詩人の詩に基づいて整然とした曲集を編んだことに影響されたのであろう。ただし、ライヒャルトがいまだゲーテの抒情詩を広く全般的にわがものにしようと苦心していたいっぽう、シューベルトはみずからの発展の過程でそうしたゲーテ観に思い切った限定を加え、その後の一九世紀に実りをもたらしたのも確かである。

すなわち、当初は慎重にアプローチしていた諸ジャンル――バラード、デクラメーションを活かした情景〔音楽では語り（レチタティーヴォ）の様式が前面に出る。シューベルト歌曲では《ファウストの情景》D一二六など〕、讃歌――を離れ、後のドイツ語学にいうところの（きわめて人工的に単純化された概念ではあるが）「体験詩」〔いわゆる思想詩とは異なり、心の移り変わりが直接に描かれる詩のタイプ。疾風怒濤期に流行した。シューベルト歌曲では《歓迎と別れ》D七六七など〕へといたる流れである。ゲーテの抒情詩にあってはさして目立つものでなかったこのタイプの詩は、シューベルトの音楽と出会うことによって、かなり早い時点で「シューベルト歌曲」の理想型となり、後年まで大いに影響を残した。

いっぽう、扱いにくいことで知られる疾風怒濤期のゲーテによる自由韻律にも、まったく臆する様子は見られない。《ガニュメート》D五四四（一八一七年三月）や《プロメテウス》D六七四（一八一九年一〇月）などがそれを示している。むしろこうした類の歌詞を、この作曲家はオシアン歌曲やマイアホーファー歌曲でもみずから進んで求めたばかりか、一八二五年になってもなお、ヨハン・ラディスラウス・ピュルカー歌曲では敢然とヘクサメーターの詩に取り組んだのであった〔一行に六つのアクセントをもつヘクサメーター形式の詩に付曲する際には、息の長い旋律作りが必要になる。《全能》D八五二など〕。

しかし、不朽の名声を誇る最初の二作のゲーテ歌曲は、右記のタイプにはいまだまったく固定されていない。《糸を紡ぐグレートヒェン》D一一八が作曲された一八一四年一〇月一九日は、ひと昔前の文献では「ドイツ語芸術歌曲の誕生日」と呼ばれることもあった（この呼び方は不合理ではあるにせよ効果的ではあった）。詩はゲーテの戯曲『ファウスト』の一場面であり、有節歌曲の形式をとるものの、ストーリーを押し進めるほどの劇的かつ感情的な状況を描き出している。

シューベルトの付曲が人を魅了するのは、個々の手法が斬新だからではなく、それらもろもろの手法が驚くべき力をもって美的に凝集されているからである。たくみに変形された有節歌曲という形式をとりながら、この作品では、感情の噴出がきわめて劇的な発展を見せている。つまり、オスティナート風に流れる糸車によって愛する心の静止状態が描かれるが、身を切るような不協和音による一つのフェルマータで感情の噴出は頂点を迎える。そうした手法の配置の妙が、忘れがたい効果をあげるのだ。

ほぼ一年後に成立した《魔王》D三二八は歌曲でなくバラードであり、その衝撃力と激しさは、一八一一年にツムシュティーク作品を最初に模写して以来、一八歳の作曲家が成し遂げた進歩のさまを示している。

これら両作品において「シューベルト歌曲なるもの」は、タイプとしてではなく、以降もはや後戻りできないほどの技術水準において実現を見た。すなわち、解放された歌声部と自立化したピアノ声部が合わさった産物としてである。ピアノ声部は、かつてのたんなる偶発的な「伴奏」の地位を脱し、作品の構成的な要素になった。同時期のシューベルトによる器楽曲およびほかの声楽ジャンルを見わたしても、完璧な作曲、一貫した構造、独自の語法という点でこの二つのゲーテ歌曲ほどの域に（近似的にであれ）到達している作品はほかにない。

両作品は、後年のシューベルトの作品史にあって特別な意味をもっている。すでに触れたとおり、一八一六年四月一七日、年長の友人ヨーゼフ・フォン・シュパウンは、《魔王》と《グレートヒェン》を含むゲーテ歌曲を集めて飾り文字で綴じた曲集を、尊敬のこもった手紙を添えてヴァイマルに贈った。興味深いことに、この添え状からはシステマチックな作曲計画を読み取ることができる。シューベルトはこの計画に沿って、詩人ごとのまとまった曲集を構想していたようなのである。「それは八巻からなる予定です」、シュパウンはゲーテに書いている。

最初の二巻は（そのうちの一巻は見本として同封いたしました）閣下の詩によっており、第三巻はシラーの詩、第四・五巻はクロップシュトック、第六巻はマッティソン、ヘルティ、ザリスなどの、そして第七・八巻はオシアンの歌からなっておりまして、最後の二巻はとくにすぐれております。（Dok., 40f.）

エポックメイキングな《魔王》と《グレートヒェン》の付曲も入っていたのに、コメントもなしで原稿が返送されただけで、ゲーテの反応は一切なかった。

この二つのゲーテ歌曲は、友人サークルだけでなくウィーンの多くのサロンでもやがて絶大な人気を博するようになり、これらをもってシューベルトは数年後、長らく待ち望まれていた音楽市場へのデビューを果たした。一八二一年春のデビューを先導したのはヨーゼフ・ヒュッテンブレンナーとレオポルト・ゾンライトナーである。彼らは、カッピ&ディアベッリ社に（同社は金銭的リスクを忌避したため、委託販売人としてではあるが）この二曲を持ち込んで一曲ずつ別個に世に出すことに成功し、《魔王》は作品一、《糸を紡ぐグレートヒェン》は作品二として出版された。こうした友人たちの行動によって、ともかく作品はついに広く公に知れわたったが、シューベルトがこれにどれだけ関与していたかは、詳《つまび》らかでない。

続く作品群（作品三、五、一二、一四）は、それぞれ二〜五曲からなる大規模な曲集であり、いずれもゲーテ歌曲を含んでいる。これらもほとんど間髪入れず一八二一年と一八二二年に、やはりリスクは自分もちで出版された。次のゲーテ歌曲集 作品一九になってようやく、出版は委託販売でなく出版社の負担となる。一八二五年初夏にシューベルトは、特別に豪華な装丁をほどこされたこの曲集を二部、短い手紙を添えて詩人に贈ったが、この二度目の贈呈も、一八一六年と同じく返事を受け取ることはなかった。

ゲーテの〔無〕反応は、これまで多くの人を不思議がらせてきたが、それを説明するのは――贈られた歌曲をゲーテがしっかり認識したとすれば――なにも難しいことではない。詩に音楽をつけるにあたってシューベルトのとった根本的な態度とは、詩の感情を音楽的になぞることではなかった。それは、たんなる感情移入による同語反復《トートロジー》なのではない。むしろシューベルトは、十分な一貫性をもって自律的に構造化された、固有の諸法則に従う音楽を、詩に対抗させたのである。極端な例を挙げれば、シューベルトのゲーテ歌曲《さすらい人の夜の歌》D七六八（一八二四年春）の詩を見ずに、音楽からさかのぼって詩の厳格な形式を再構成するのはほとんど不可能である。

自分の詩に対するシューベルトの付曲を前にした詩人は、ほかならぬこの緊張関係に目を開かれたにちがいない。ゲーテは、贈呈された楽譜を見誤らなかっただけではなく、おそらくは十分すぎるほどこれをよく理解したのだ。なぜならゲーテの歌曲美学が思い描く理想とは、容易に歌うことのできる簡素な有節形式であり、詩の朗読を高めてくれるような音楽のあり方だったからである。この理想こそ、ゲーテがライヒャルトやツェルターといった作曲家を優遇したゆえんでもあった。

作曲によるこうした詩への介入を目の当たりにすると、次のこともよく理解できる。つまりシューベルトの音楽的抒情詩とは、詩の情感的で美的な構成を顧慮することなしに、組み上げられた構造として独自の生命を獲得するのであり、そうした構造にあっては、歌詞のいわゆる詩的クオリティなどを問題とする必要はまったくないのである。文学的な趣味がほとんど認められない、と言われる歌詞がシューベルト歌曲の作品群にはじつに多いのだが、それはひとえに、成功した音楽的抒情詩にとって本当に大事なのはもっとまったく別の何かだからなのである。

詩がいくら傑出していても、それにふさわしい歌曲が生まれるとは限らない。いっぽう、二流三流の抒情詩をもとにすばらしい芸術歌曲が作られうる。たとえばフランツ・フォン・ショーバーの詩による歌曲《音楽によせて》D五四七が良い例だ。たんに朗読しただけではあからさまな感傷にすぎぬものが、シューベルトの付曲（一八一七年三月）ではすっかり高められている。この詩が音楽とともに名高い芸術作品へと融合をとげているのも、もっともなことである。音楽にそなわった能力だと詩がはっきり認めるとおり、音楽が詩を「より良き世界に連れ去った」のだ。

そもそも、よりによって歌曲の作品出版が二四歳の若者に公の世界への道を拓こうなど、最初は予見できなかったし、予想だにできないことだった。たとえばゲーテ歌曲《羊飼いの嘆きの歌》D一二一（一八一九年二月二八日）は「ローマ皇帝館」で上演されたが、このように公の場で歌曲が上演されるのはじつに例外的である。歌曲はさしあたって自筆譜や筆写譜によって、シューベルトにおなじみの交際範囲で広まるというのが普通だったからだ。

その普通の受容を示すうるわしい記録が、いわゆる《テレーゼ・グロープの歌曲アルバム》である。この初恋の相手となった女性の弟に、おそらくシューベルトは歌曲の草稿を選び出して託したのであろう、後にそれが一冊にまとめられ、テレーゼの《歌曲アルバム》として後世に受容されるにいたった。テレーゼ・グロープの父はシューベルト生家の近隣で絹物屋を営んでおり、家庭での彼女の音楽活動は、シューベルトとも親しかった弟ハインリヒに劣らずかなりの水準にあったが、それはシューベルトの育ったリヒテンタール地区の小市民に典型的なことでもあった。テレーゼは、シューベルトにとって大きな意味をもったヘ長調ミサ曲の初演でソプラノ独唱も務め、後の証言によればシューベルトの結婚相手の候補にさえなりえた。ただし、たんなる補助教員としてほんの乏しい収入しか得られなかったため、定められていた結婚条件を満たすことができず、この話は成就しなかったという〔一八一五年に施行された「婚姻同意法」によれば、シューベルトを含む中流階級の市民は、家族を養う充分な収入がなくては結婚が許されなかった〕。

《アルバム》には、一八一四年から一八一六年までに書かれた一七の歌曲が収められており、そのいずれも、この時期のシューベルトの創作を特徴づけた感傷主義の詩人（クロップシュトック、クラウディウス、ヘルティ、マッティソン）の詩によっている。ただしそのいっぽうで、おそらくは献呈相手の好みを考えてのことであろう、大形式（バラード）や大詩人（シラー、ゲーテ）は意味深長に避けられている。

このように、そもそもは家庭での交際を中心に育まれていた歌曲のあり方は、ある人物の登場をもって拡大し、プロ化されることになる。歌曲作曲家としてシューベルトが名声を高めていくに際して計り知れない役割を果たした人物である。

宮廷オペラ歌手ヨハン・ミヒャエル・フォーグル（一七六八〜一八四〇）に、シューベルトはもう長いことひそかに尊敬の念を寄せていたが、そのフォーグルが一八一七年秋、フランツ・フォン・ショーバーを介してシューベルト歌曲の存在を知り、にわかに熱狂するようになった。一八二一年からは、シューベルト歌曲の公的な上演もフォーグルに担われたことが記録されている。この公的な上演は、「貴族淑女による善と有益の振興協会」主催のアカデミーのもと、ケルントナートーア劇場で演奏された《魔王》に端を発する。こうした一連の上演は、すでに触れたような少なからぬ金銭的リスクを伴う楽譜出版を、大きく後押ししたにちがいない。さらにフォーグルの演奏は、たいていは作曲者自身のピアノ伴奏によって、多くの「シューベルティアーデ」の中心にもなった。後年、オーストリアを横断する演奏旅行をともにしたのも彼である。

ただし三〇歳年長のフォーグルは、シューベルトのそのほかの友人サークルとは一定の距離を保った。友人たちの回想のなかでフォーグルは、ヴィルトゥオーソとしてではなく、並はずれて表現力が旺盛でインテリジェントな歌い手だと紹介されており、近づきがたく、多くの人にとって傲慢にさえ感じられる人物としても描かれている。深い古典の教養をそなえていた彼は、一八二一年にカッピ&ディアベッリ社からやはり委託販売で出版された作品六の献呈を受けた。シューベルトはこの歌曲集で、他の詩とならんで、とくに〔フォーグルの趣味に合わせて〕友人ヨハン・マイアホーファーによる古代趣味の詩からいくつかを選んで曲づけしたのだった（ともに一八一七年成立した《メムノン》D五四一および《アンティゴネとオイディプス》D五四二）。

フォーグルとならんで重要な、ウィーンの協会で大いに人気を誇るシューベルト歌いになったのが、カール・フォン・シェーンシュタイン男爵である。二人が知り合ったのは、エステルハージ伯爵の家庭教師として二度目にハンガリーに滞在した一八二四年のことであった。


シューベルト歌曲の純然たる広がりを目の当たりにしておのずと浮かんでくる問いは、歌詞をどうやって選んでいたのか、というものである。まず一八一六年までは感傷主義が優位を見せる。次いでゲーテへの付曲が台頭し、友人サークルの詩、なかんずくマイアホーファーによる古代趣味の詩がゲーテと対をなす。シュレーゲルやノヴァーリスらロマン主義の発見（一八一九年以降）あるいはプラーテンおよびリュッケルトによる詩の発見（一八二二）がこれに続き、一八二〇年代後半にはついにミュラーとハイネという、もっともアクチュアルな同時代文学を見出すにいたる。

こうした推移を前にすると、シューベルトその人がたどった精神の発展をおのずと推論したくなるというものだ。疑う余地がないのは、人間の愛の幸福と愛の悩みにまつわるあらゆる感情のパレットが、ほかにならぶものがないほど中心的な位置を占めている事実である。だがいっぽうで、こうした主題全般がそもそも、ある基準軸をもっていたのではないかという推測も否定できない。それは、シューベルトと友人サークルにとって恒常的でありつつも秘匿されていた主題であり、王政復古の時代にあっては決して公表できなかった主題――すなわち解放戦争〔一八一三～一四〕前までは楽観的だったものの、ウィーン会議後は無残にも失望に終わった政治的変革への希望である。

ロマン主義文学の受容は、自由を求める祖国愛的な思想という〔ほとんど〕宗教的な超越に一役買ったはずであり、それゆえロマン主義文学は、ユートピアへの希望の表現として、また政治的な失望の代償としても読むことができるだろう。そこにあって音楽という「やさしい芸術」は――ショーバー歌曲D五四七が言葉にしたように――たしかに人を「より良き世界に連れ去ってくれる」手段ではあるにせよ、しかしほかならぬ「より良き世界」のなかで、ユートピア的なるものは冷静な内省の対象であり続けるのだ。こうして、《冬の旅》や後年のハイネ歌曲に聴かれる陰鬱な嘲笑によって、幻想から醒めたユートピアへの希望は、比類なくラディカルな次元に達することとなる。

## 初期交響曲とその背景

神学校を退学して間もない一八一三年一〇月、一六歳で二長調の最初の交響曲D八二を書き上げたことで、シューベルトは器楽曲の分野で大胆な実験の第一段階をすでに成し遂げてしまった。その実験は、計画的ではあるにせよ過激な解決策へと溢れ出してゆく類のものであった。

このニ長調交響曲は、堅牢さが首尾よく実現された作品である。成立年代からすると、それまでにベートーヴェンが書いた最新の二つの交響曲〔第七番と第八番〕のすぐあとに書かれたにもかかわらず、この作品は「ベートーヴェン以後」の交響曲ジャンル史には属していない。いくら強調してもしすぎることはないのだが、むしろそれは断固「ベートーヴェンとならぶ」作品であり、ベートーヴェンのアクチュアルな交響曲群からはいまだまったく影響をこうむっていないのである。ベートーヴェンの交響曲によって高められた要求は後代のメンデルスゾーン、シューマンあるいはブラームスといった作曲家を萎えさせるほどであったが、この要求をシューベルトが感じていた形跡はない。六つの初期交響曲は、比較的に何の苦もなくこの模範のかたわらを通り抜けている。

決定的な第三番《英雄》以降、ベートーヴェンの交響曲について当時のシューベルトがどれほどのことを知っていたのかは、はっきりしない。作品の要求する規模という点からしてすでに、ベートーヴェンの交響曲は神学校のレパートリーには属しえないし、すでに触れたフリッシュリンクおよびハトヴィヒのアマチュア・オーケストラがベートーヴェンの交響曲のうちで演奏していたのも、神学校のオーケストラと同じく第一番、第二番だけであった。

フランツ・シューベルトの最初の六つの交響曲は驚くほど成熟していて、ほとんど例外なく優美な響きをもち、なんの苦労の跡も感じさせない。これら若書きの作品は、ウィーンの巨大な同時代人に由来する不安もなく、いわば無垢の状態で作曲されているばかりか、模範として刺激になったはずのハイドンとモーツァルトによる偉大な先例とも比較できない。六つの交響曲のうち最初のものは神学校を巣立つ直前に成立し、最後のものは最終的に両親の家を出る前に書かれた（一八一八年二月完成）。

これらの交響曲を支えたのは、神学校とならんで、すでに触れたハトヴィヒのオーケストラであったと考えて間違いないだろう。演奏はプロの木管・金管奏者によって補強されることもあった。作品ごとに編成がまちまちなのは、このように出演者が流動的だったことと関係していると考えられる。最初の交響曲が手がけられたのは神学校時代の初期、一三歳の折である（同じくニ長調のD二B）。断片に終わったこの草案は四本ものトロンボーンを擁しているが、それはまことに華々しいもののまったく現実的ではない。それにひきかえ、完成された若書きの作品は、はるかに小規模の編成で事足りている。ずっと後年、大オーケストラのための成熟期の作品にいたってようやく、トロンボーンは三本に拡大されることになる。

初期交響曲の晴れやかな音調から、ハ短調という調、そしてなによりもそのタイトルによってきわだつのが、第四交響曲D四一七である。一八一六年四月の日付をもち、美しい飾り文字で作られたその表紙には、シューベルト自身の手で「悲劇的交響曲（Tragische Symphonie）」と記されている。研究者は概して、同じ調によるベートーヴェンの第五番を視野に入れつつ、この作品を若者の過大な自己評価とみなして軽く扱ってきた。だがいずれにせよこの作品は、「英雄」期のベートーヴェンとは何のかかわりもない。

近年ようやく《悲劇的交響曲》の新解釈が示されるようになった。それらは大胆であるゆえにいくらか思弁的なところもあるが、二つの長所をそなえている。まずこれらの研究によって、「悲劇的」というタイトルが初めて真摯に受け取られるようになった。そしてこのことによって、フランツ・シューベルトという作曲家が――「たんなる」音楽家にもかかわらず――すでに若くして友人サークルによる議論の輪に、十分な資質をそなえた一員として溶け入っていたであろうその様子を、まざまざと思い描くことができるようになったのだ。

近年の研究によれば、その議論とは、兄弟で活躍していたウィーンの劇作家ハインリヒおよびマテウス・フォン・コリンの悲劇論であり、友人たちはこれについて熱心な議論を交わしていたことが証明されている。シューベルトは、交響的な形式構想によってこの議論に音楽で貢献したのだ、と見ることもできるだろう。

その形式構想は、慣習から外れているものの、シューベルトの個人様式からすれば決して異例ではない。たとえばこの作曲家に典型的な三度調による緊張関係（ハ短調／長調と変イ長調）のごとき多様な和声は、作品全体をとおしてきわだった一貫性を保持しつつ展開されており、この関係はコリンの悲劇論にいう「変転における永続」に対応すると見ることができよう。これをもって、理論にしかるべく則ったかたちで悲劇的パトスが高次の和声的秩序の次元で開花を迎え、人間の「倫理的な力」が音楽現象へともたらされたわけである。作品内容のこうした理解は、もちろん、この作品が友人サークル内で集中的に——もしかするとシューベルトのピアノ実演もあったかもしれない——議論され、ハトヴィヒ・オーケストラで上演されたことを前提にしている。いずれも想像に難くない情景だ。

終結のハ長調和音は、パトスが美に止揚されるという悲劇のコンセプトと完璧に対応している。ハ長調和音をもってこのパトス的作品は、終楽章の再現部にいたってようやく、ほかの初期交響曲に聴かれる晴れやかな音調にふたたび還ってくるのだ。この終結は、「悲劇的」という野心的なタイトルからするとまったく害のないものに感じられよう。だとすれば、作品目録のなかで本作が占める〔一八一六年というかなり早い〕年代的な位置にも納得がいく。

とはいえ、シューベルトの全オーケストラ作品のなかで四本ものホルンを要求するほとんど唯一の例である《悲劇的》は、交響的な一貫性という問題に、ほかのあらゆる初期交響曲をはるかに引き離す多大な野心をもって取り組んでいる。そしてこのような性質は、文学ないし哲学のコンセプトに由来すると考えたとき、よく説明されるのである。

初期交響曲をつらぬく音調。《悲劇的》さえも終楽章でついにそこへ戻ってくるのだが、しかしそうはいってもこの音調は様式的に一枚岩であるというわけではない。細心の注意を払えば、確固たるひとつの発展を語ることとさえ可能だが、その発展の終極は、決して直線的に、ベートーヴェンの衣鉢を継ぐ偉大な交響作品への突破《ブレイクスルー》にいたったのではなかった。むしろまったく逆なのだ。

最後の第六番ハ長調D五八九は、きっぱりとした意志をもって自筆譜に「大交響曲（Große Sinfonie）」とタイトル書きされており、特異な音調にかんしても構造にかんしても、ある模範に多くを負っていると思われる。その模範は、技術的な次元でベートーヴェンとはまったく別の方向を指し示しているのみならず、ジャンル的にも完全なる別領域に属する。それは、往時のウィーンでたいへんな評判を呼んだジョアキーノ・ロッシーニに対する創造的な取り組みであり、その取り組みの跡は、第六交響曲とちょうど時期的に重なる二つの「イタリア様式による」序曲D五九〇およびD五九一にも聴き取ることができる。

これらの作品の背景にあるのは、なにも一八一六年と一七年の《タンクレディ》上演によって広く燃え上がったウィーンのロッシーニ旋風だけではない。シューベルトはロッシーニ・オペラを冷静に観察してもいたのであって、その観察は、第六交響曲の冒頭楽章の結尾などにきわめて明瞭なかたちで応用されている。ここでは明らかに、終わりない紡ぎ出しと高まりゆく興奮というロッシーニ流の技法が、より長い交響曲の楽節という位相で試されているのであり、同じことは、終楽章にも、そして右に挙げた二つの序曲にも認められる。第六番のロンド・フィナーレでは、いくつかの最小の動機をたえまなく変奏しつつ継続し、それらの動機をさらに見通しがたい渦のなかへと引きこんでゆく技法が、ほとんど名人芸さながらに披歴されている。

さらに忘れてならないのは、よりによってこのロンドが五六四小節という、初期交響曲で最長を誇る楽章であるという事実だ。この音楽が、楽節の単純きわまりない複製によって作られているのを前にすると、なおさら注目に値する事実である。

つまるところ、いま述べたすべての基礎をなすのが、ベートーヴェンによってならぶものなき高みへと押し上げられた「古典的」な動機・主題労作とはまったく異なったやり方で全体の連関を築き上げる技法なのであり、それはっきりとした意図のもとに用いられている。両端楽章を離れると、つまりスケルツォにおいてようやく、ベートーヴェンからの何かしらの残響が認められるが、ただしそれも「英雄」期以前、第一交響曲の残響である。

交響的な楽節連関を、ロッシーニ・オペラの騒然としたフィナーレのごとき手法をもって作り上げるというアイディアは、まったくもって賢明《クレヴァー》と呼ぶことができる。シューベルトはこのアイディアを第六交響曲において、高い水準で、それも驚くべき豊かな着想をもって組み換えたのである。

だが、ベートーヴェンのジャンル・モデルからはるかに隔たったこの作品のあとほどなくして、二一歳の作曲家は、ベートーヴェンの交響曲作法を避けては通れないことを避けがたく認識することになる。それは歴史の奇妙な皮肉である。交響曲作曲家《シンフォニカー》シューベルトは、上首尾に終わった一連の初期交響曲のあと、数年のあいだ沈黙する。この沈黙は、時代的なモデルとの徹底した対決は避けられないのだ、という認識と直接かかわっていた。その長い対決の果てに、こんどはみずからの立場からジャンルを特徴づけるような成果が、さらには続く世代の作曲家たちにとっても交響曲の問題の解答となるような成果があらわれることになる。そして、自分だけの構想を得ようと奮闘する作曲家にとっては、まさにそこにいたる道のりこそが終わりなき苦行を意味するのだ——シューベルトによる交響曲の成果が暴露するのは、この事実なのである。

第三章

# 危機《クリーゼ》、突破、そして確信

*Krise, Durchbruch, Selbstbestimmung*

## ベートーヴェン危機《クリーゼ》

ここ数十年来のシューベルト研究では、一八一八年から一八二三年頃までの時期は「クリーゼ〔危機、もしくは病からの回復の岐路〕の時期」[訳注1]として議論されており、その終わりには重大な様式転換が生じたとされる。その際に伝記的なことは言及されなかったが、引き合いに出したとしても一定の説得力はあっただろう。というのもこの時期には、生死にかかわる重みをもつ人生の節目があったからだ。すなわち、その始まり（一八一八年秋）には両親の家からの最終的な離脱が、その終わり頃（一八二三）にはウィーン総合病院への入院がくるのである。この入院は、はっきり記録されているわけではないものの、状況証拠から察するにかなり長い期間にわたるもので、おそらくは一八二二年秋に感染した重度の梅毒を治療するためのものだった。

とはいうものの、本書で「クリーゼの時期」と言うときに問題となるのは、あくまでシューベルトが作曲によって残した仕事である。ともかく伝記的なことは、いわく定義しがたい関連をもって作曲の背景をなすものだ。「クリーゼの時期」という概念のはらむ劇的緊張は、まさにそれゆえにこそ耳目を引くのであって、だとすれば相対化される必要もあろう。

さて、クリーゼという診断のもとになったのは、シューベルトの作品目録のうちでもこの時期に歴然と増加する断片である。それらは、自信なき試みと挫折の繰り返しという、長きにわたる苦悩の産物であるように見えるのだ。しかし、初っ端から強調しておかなくてはならないのだが、この「クリーゼ」にまったく見舞われることのなかったジャンルが一つ（一つだったとすればだが）ある。歌曲だ。これこそは、シューベルトが当初から超然と意のままにできる初期創作の主要ジャンルだったのであり、生涯よどみなく発展し続ける主題でもあった。同様のことは、わずかな例外を除けばほかの声楽ジャンルにも当てはまるのだから、右記の診断はそもそも、ごく限られたものとして受け取られるべきであった。すなわち「クリーゼ」なるものを、シューベルトは創作のあらゆるジャンルにわたって体験したのではなく、もっぱら器楽作曲家として体験したのである。

このような偏りを前にしてなお、「クリーゼ」という概念は妥当であるだろうか。成熟した作曲家が器楽作品の構想をさまざまに企て、またそれが暗転してしまったことを、ありふれた「クリーゼ」という概念が

---

訳注1　「クリーゼ（Krise）」はギリシャ語の krisis に由来し、ヒッポクラテス（紀元前四世紀頃）では「決意・決断」を意味したこの語は、この原義からの派生で、今日ではおよそ「離別・区分」、「分裂」、さらに「決定的な転換」などを意味する。医学用語として用いられることが多く、その場合には「病気と健康が相争う状況」、とりわけ生命の危機を伴う病の峠といった意味になる。

シューベルト研究においてもこの語は医学用語の文脈で、①深刻な危機、および②その後の決定的な転換を指すものとして使われてきた。ただし広く歴史的にさかのぼれば、一九世紀以降、正常な状態を損なうというネガティヴな「クリーゼ」観が優位に立つようになった。中期シューベルトを主題としたシンポジウムを総括するものとして一九八五年にこの語が（統一的な定義をほどこすことなく）導入された際にも、ネガティヴな①の意味を念頭に置く論者が多かった。

以上を踏まえつつ本書は、この語を「クリーゼ」と記すことにしたが、なお二つの点に触れておきたい。第一に、著者は「決定的な局面（kritische Phase）」という中立的な用語を独自に導入することで「危機」の含みを斥けている点、第二に、（精神）医学の分野では近年、「クリーゼ」の肯定的な意味が問い直されている点である（たとえば木村敏「クリーゼの病理――瞬間と生命」［『思想』岩波書店、二〇〇九年第三号］を参照）。この傾向を念頭に置くなら、シューベルトの「クリーゼ」を、主としてベートーヴェンとの対決によって器楽の形式構想を刷新するという、生命の新たな局面を獲得するための不可欠な段階として捉え返すことができるだろう。

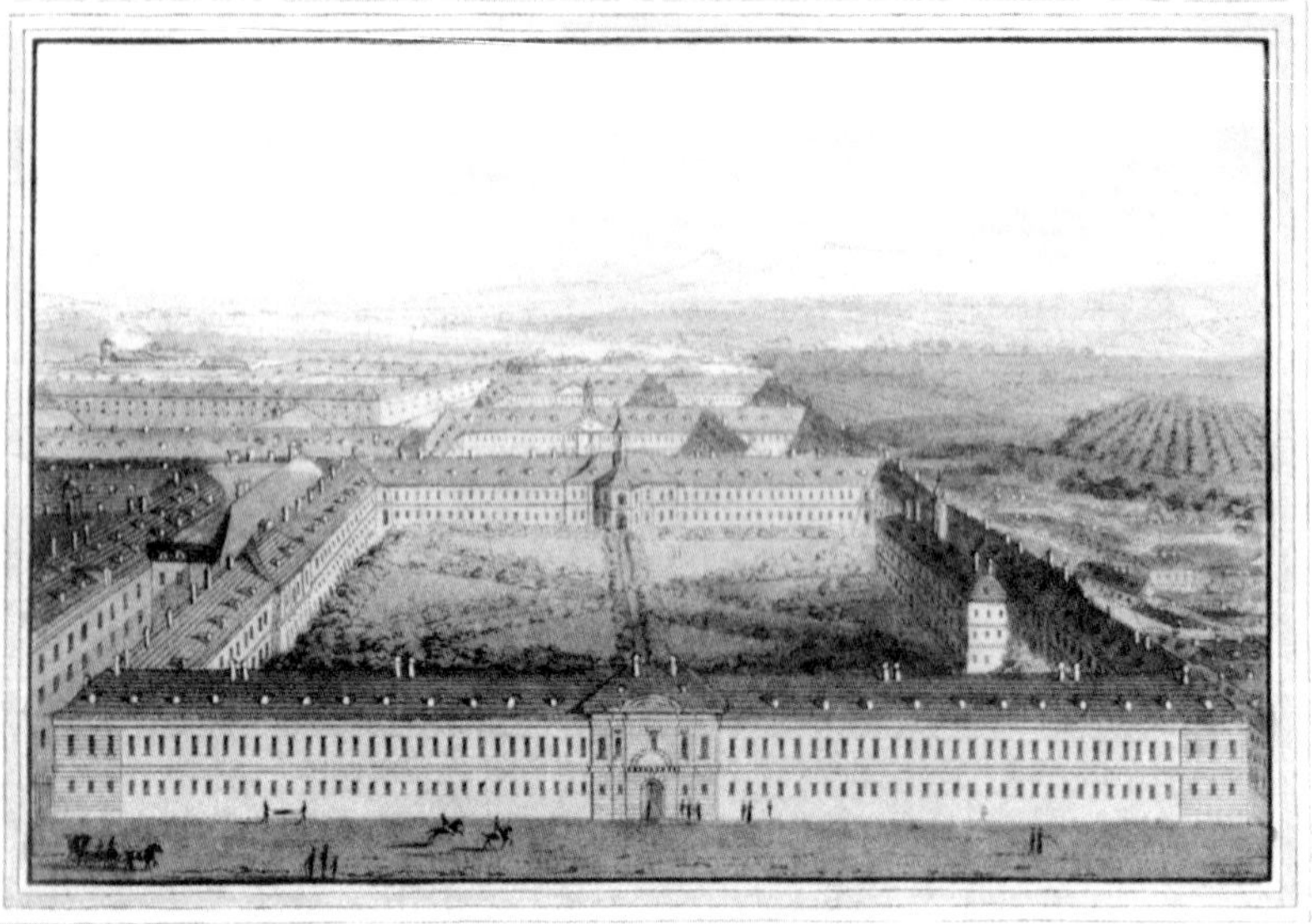

シューベルトが入院した総合病院。今日も変わらぬ姿でアルザーグルントに建ち、ウィーン大学のキャンパスに使われているため、中庭は学生たちで賑わう。トランキッロ・モッロ（1767〜1837）によるカラー銅版画

はたしてふさわしく記述できるであろうか。この問いに答えるためには、この時期の創作をもっと丹念に調べてみなくてはならない。

一八一七年の夏以来、ピアノ・ソナタの領域では中断された試みが山積しているいっぽう、一八一八年の春になってから第六交響曲が問題なく書き上がったという事実からしてすでに、シューベルトの創作における決定的な局面に精密な日付を与えることの難しさを物語っている。そしてなんといっても、（研究で有力視される成立年を受け入れるなら）一八一九年夏になってなお、光に満ち溢れるイ長調のピアノ五重奏曲D六六七がくるのだ。《ます五重奏曲》として知られるこの曲は今日の室内楽レパートリーの王道《カノン》であり、いかなる聴き手もここにクリーゼの症候など感じることはないだろう。

器楽曲においてもこうした例外はあるにせよ、遅くとも初期交響曲を首尾よく卒業したあとには、無垢に作曲できる日々はおそらく永遠に過ぎ去つ

たのである。早くもその少しあと、一八一八年五月には、交響曲の中断された草稿が書かれている。この草稿は、様式的にも、また全体の構成からいっても、問題なく仕上げられた第六番とはまるで違う領域へと足を踏み出している。しかもそれは、その後に続く長い系列のうち、第一のものにすぎないのである。いったい何が起こったのか？

背景にあるのは、ベートーヴェンとの対決を避けては通れないという認識であったろう。シューベルトにとってほとんどショックだったにちがいないこの認識は、その歩みにあっては長い前史をもつ。まじめで信頼に足る記録者ヨーゼフ・フォン・シュパウンが、若きフランツ・シューベルトの語ったある言葉を伝えている。正確な日付は定かでないものの、おそらく神学校時代の初期にさかのぼる発言で、今日よく知られるようになった。

僕もひそかに、自分がなにがしかの人物になれると望んではいるのですが、しかしベートーヴェンのあとでまだ何かできる人などいるのでしょうか？（Erinn., 150／一五六頁）

この発言は、一〇歳年上のシュパウンが初期のいくつかの歌曲を絶賛してくれたことへの反答である。この発言から「ベートーヴェン以後」という根本的な問題をめぐる批判的な自意識をただちに見ようとするのは――後の作曲家世代がそう考えたのは無理もないことなのだが――この初期の段階では大げさであるように見えるし、よりによって歌曲という領域でそれを言うのは事柄に反しているようにも思われる。

シューベルトは、元気のない若い世代の作曲家にくらべると、普段は明らかに自負に満ちていた。そんな若者の発したこの深い嘆息はむしろ、疑う余地なきベートーヴェンの偉大さに対する一般的な意識を意味していたであろうし、それは注意深いすべての同時代人にとって当たり前のことであった。いずれにしても、後にシューマンやブラームスたちが、弦楽四重奏曲や交響曲といったハードルの高いジャンルの長い道のりを行く際には、呵責や自己懐疑が協定《プロトコル》となったのだが、若きシューベルトの当該作品は、そうしたことからまったく自由であったのだ。

こうした状況は一八一八年に突然の変化をきたしたようだ。この変化からは、しだいに芽生えていった認識と問題意識を、そして創造的な成熟を見てとることができる。

一八一六年六月、一九歳の折にはまだ、師サリエーリ五〇歳の誕生日を祝う文章が書かれている（第一章で触れたように、この祝典のためにみずから作詞した声楽アンサンブルが寄せられた）。はっきりと名指されてはいないものの、この日記で「われらがドイツの最も偉大な芸術家」と呼びかけられているのがベートーヴェンであるのは明白であり、ベートーヴェン作品の特徴は注目すべき言葉づかいで記述されている。いわく、

悲劇的なものを滑稽なものと、快適なものを忌むべきものと、英雄的なものをがなり屋と、この上なく神聖なものを道化と一緒くたにしてしまう奇矯《ビッツアレリー》さ。（Dok., 45／三五頁）

これがシューベルト自身の考えなのか、それとも――このほうがあり得そうだが――師サリエーリの教育方針をなぞったものなのか、書き込みからは判然としない。だがいずれにせよ、当時の〔ウィーンの紙上で実際に見られた〕ベートーヴェン批判をそのまま借用した「奇矯さ」という語彙には、距離を置きつつも魅せ

られるという入り混じった思いが映し出されている。この文章はぜひとも、シュパウンの伝えるそれ以前の発言と一緒に考えなくてはなるまい。

そうは言っても、シューベルトが早くも一八二〇年より前に、しかも交響曲という決定的な主要ジャンルで、ベートーヴェンとの深刻な対決に踏み出していたことを証する意義深い記録がある。第四交響曲 作品六〇の筆写譜である。開始部分だけだが、これは今日ウィーンの市立図書館に保管されている〔現・市庁舎のウィーン図書館手稿譜部門、資料番号MHc-194〕。手稿譜の特徴から一八一九年末に書かれたとみられるこの資料は、通例のようにパート譜でのみ出版された作品をスコアのかたちで筆写しなおしたものである。当時こうした筆写は、大編成の作品を集中的に研究する唯一の方法だった。

いまやシューベルトはそびえたつ交響曲の模範に取り組み始めたわけだが、この事実のほかに少なくとも目を引くのは、なんといってもその選択である。第四番は、一九世紀末には第三番と第五番の影に隠れることになる交響曲なのだから。ベートーヴェン規範《カノン》の中核には決して属することのない作品を、明らかに意図的に選んでベートーヴェン研究は開始された――この事実は、「クリーゼの時期」の徹底した自覚を示す症候とみなすことができる。

この決定的な局面は、むしろ自己確認の時期、新たな思案の時期と呼ぶべきであろう。そしてこの局面から、解決策も導き出されることとなる。それは、偉大な手本の模倣にも、手本に打ち克とうとする試みにも帰することはできないが、かといって根本的な対決なくしてはおよそ考えられないような解決策であった。

後期シューベルトの大規模な器楽作品は、楽曲の連関を構築するベートーヴェンの器楽構想に対する、当時としては随一の別選択肢《オルタナティヴ》をなしており、しかも考え抜いた末に設計されている。これら後期の器楽作品はすべて、ベートーヴェン「のあと」ではなくベートーヴェン「とならぶ」作曲を内省する段階を経たおかげで生み出された。そして、このことを理解することのできた後世の作曲家たちも、ベートーヴェンを受容しながら創造するにあたり、少なからぬ意義をもつモデルとして、後期シューベルトの器楽からそれぞれに恩恵を受けたのであった。

## 豊かな断片

いかなる大作曲家も、おそらくなんらかの断片的なものを遺している。仕上げられなかった草稿、中断された構想、そもそも工房を出ぬものとして企てられた実験、である。シューベルトの作品を眺めわたしても、完成されなかったもの、仕上げられなかったものは、どんな年にも生み出されている。こうした所見はしかし、もっと精密に体系化してみることによってこそ有益となる。問われるべきは、断片が生み出された時期のばらつき、さまざまなジャンルにわたる分布、そしてとても重要なことだが、断片の類型である。要するに、「断片」なるきわめて抽象的な言葉のもとに、〔一〕たんなるスケッチ、〔二〕中断された浄書譜、〔三〕完成されているものの草案として書きとめられたにすぎない作品構想、〔四〕もともとは完全であったが伝承の過程で断片化された自筆譜、といった内容の異なるさまざまな楽譜が集められているのだ。

一八二〇年前後に（きわめて多様なタイプの）断片の数がいちじるしく増加している事実によって、シューベルトのこの時期が「クリーゼの時期」という問題含みのレッテルを与えられてきたことを思い出そう。断片の最も主要な部分をなすのは器楽であるゆえ、クリーゼという診断が有効なのは――もっと注意深く、創造的な沈思の時期とでも呼ぶのでない限り――もっぱらこの領域だけであることはすでに述べた。だがここでも、純粋な統計は真の実情を曇らせうることを、ある簡単な考察が示してくれる。

たとえばそう、一八二〇年に書かれた器楽のうちで断片が占める割合は一〇〇パーセントにのぼり、続く一八二一年も同様である――じつに驚くべき数字であり、「クリーゼ」の概念を印象的に裏づけるかのようである。ところがもっとよく眺めてみると、この数字が成り立つのはもっぱら次の事実によってであることがわかる。つまり、この二年間で書かれたとされる三つの断片は、器楽領域における活動を伝えるそもそも唯一の記録なのだ。[訳注2]

このことが意味するのは、器楽は当時のシューベルトにとってまったく関心の中心にはなかったという事実にほかならない。むしろ一八二〇年頃には――どのみち危機に揺さぶられることなく続けられた歌曲の創作を別にすれば――音楽劇への取り組みが頂点を迎える。たいへんな時間を必要とするこのジャンルは、部分的には大いなる実りをもたらすものでもあったのだが、それについては章をあらためて論じることにしよう。要するに、シューベルトのエネルギーは別のジャンルに費やされていたということである。

とはいっても、しっかりした土台となる形式構想を得ようとするシューベルトの険しいチャレンジを、決して過小評価してはなるまい。器楽からの一時的な撤退というのも、それとして注目すべき所見だからである。以下では、ピアノ・ソナタ、弦楽四重奏曲、交響曲という三つの主だったジャンルで当該の時期に書か

訳注2　たとえば、同一の自筆譜の束に書かれた舞曲集D六九七も、後に別々に出版されたため断片とみなされる。

れた重要な断片をとりあげ、詳しく見ていくことにしよう。

これらのうちでもきわだっているのが四つのピアノ・ソナタ、すなわち嬰ヘ短調のD五七一（一八一七年七月）、ハ長調のD六一三（一八一八年四月）、ヘ短調のD六二五（一八一八年九月）、嬰ハ短調のD六五五（一八一九年四月）である。いずれもチクルスとして完成されてはおらず、ソナタ形式で構想された両端楽章しか存在しないケースもあるが、そのすべてに作曲開始の日付が自筆で書き込まれている。さらには、どの冒頭楽章も断片に終わっていて終結まで進んではいないのだが、しかし――決定的なことに――その仕方がいずれも共通している。

この所見に、謎を解くための一歩が隠されていよう。これらすべての楽譜は同じ箇所、すなわち再現部の開始直前で中断されているのだ。つまりシューベルトは、提示部と展開部の成り行きを隙間なく書き記したあとで筆を置いているのである。そのことは、完成されたロ長調のソナタD五七五（一八一七年八月）とくらべてみるとよくわかる。このソナタには草稿も残されており、もし仮にシューベルトが没しておよそ二〇年の後に出版社が（今日では失われた）浄書譜を入手できていなかったとしたら、現在ではこの草稿も同じく「断片」に数えられていたであろう。だがいずれにせよ、この時期のシューベルトは提示部と再現部をほとんど同一にするのが常であったのだから、その形式構想を考慮すれば、右に挙げた四つのソナタの諸楽章は、独特の意味で、まさに作曲が完了していたということになる。

シューベルトにとって再現部を書くことはルーティン作業にほかならなかったはずだが、それは放棄された。これらの自筆譜はたんなる習作の様相を示しているからであり、いかなる理由かはわからないが、それらがロ長調ソナタのケースのように推敲されて浄書されるにはいたらなかったのである。したがって、これらの断片はクリーゼの兆候などではないし、挫折したこと、諦めて中断したことを示す記録でもない。断片化を意図したロマン主義美学のようなものも、時おり議論されてはきたが、音楽的にはまったくナンセンスであって、まじめに想定すべきではない。

右に挙げたソナタのあらゆる冒頭楽章では、ソナタ形式のモデルとシリアスに取り組まれていて、完全で完結したその結果をたやすく想像することができる（だからこそ、それらは後年たびたび補完されてきたし、コンサートホールでも普及しえたのである）。実験を続ける作曲家にとって、おそらくこれらの楽章は、自己との対話の役割を果たしていたのであり、完成が見通せた時点で、その役割を終えたにちがいない。

これに劣らず多くを教えてくれるのが、この時期に書かれたなかでも唯一とおぼしき弦楽四重奏曲であるが、この断片は、上記のソナタとはまったく異なるタイプのものだ。それは、浄書されて完璧に仕上げられた第一楽章と、同様に始められたものの中断された第二楽章からなる、正真正銘のトルソである。

注目すべきは、このハ短調のD七〇三をもって、シューベルトによる弦楽四重奏曲の創作が、遠く隔たった二つの時期にすっぱりと分かれていることだ。その前半は、一八一六年までの多産な若書きの時期であり、他方で一八二四年にようやく始まる後半には、後期の三つの大作が含まれる。つまりハ短調のトルソはきっちり正確に、前作の四年後および次回作の四年前に成立しているのだ。

さらにこのトルソは――謎を一段と深めることになるが――一八二〇年に書かれた唯一の器楽作品として伝えられているのみならず、作曲のきっかけがまったく知られていないという点で、シューベルトのあらゆる弦楽四重奏曲にあって完全に孤絶した輝きを放っている。家族のために弦楽四重奏曲を書く習慣は、ほかの初期作品と同じく、最初に両親の家を出ると同時に終了したのだから、もはやD七〇三作曲の動機にはなりえなかっただろう。かたや後期の弦楽四重奏曲を導くことになる要因〔第五章参照〕も、ここではまだ当てはまらない。

さらに付け加えるべきは、この冒頭楽章をもって、ほとんど不気味（unheimlich）ともいうべき表現の深みをもつ、きわだって成熟した作品が成立したことだ。類例のないほど特異な形式構想でもって超然と束ねられたこの楽章は、単一楽章でも十分に生きいきと独立している。今日のハイレベルな四重奏団はいずれも、このハ短調断章を確たるレパートリーに数え入れている。冒頭楽章でなされた形式の実験は、異例であるとともに、いかなるシューベルト作品でも二度と繰り返されなかったほどラディカルである。主題と和声という、構造を担う二つのパラメータが異常なやり方で引き離され、結合されたことにより、ソナタ形式が極端な負荷をこうむっているのだ。

この実験は、不安の症候では断じてないし、ましてやクリーゼのようなもので説明がつくはずもない。ここにあるのはむしろ、絶対的な自信を抱く実験家が独創的に作り上げた四重奏曲の冒頭楽章である――ただし危うい綱渡りのようなこの形式構想は、まさにその独創性ゆえに、続く作品の雛型にまで高められることはなかった。

シューベルトの全作品のなかで、おそらく最も名高く、そして最も困惑させるトルソは、「未完成」の異名をもつロ短調の交響曲D七五九である。この作品に直接通じる同ジャンルでの断片について、簡単に言及しておこう。いずれもニ長調による二つの断片である（一八一八年五月のD六一五および一八二一年初めのD七〇八A）。

この時期に大規模なオーケストラ作品を構想する際の慣習となったことであるが、どちらも経過草稿[訳注3]のかたちで書かれていて、中断された箇所にいたるまでそれぞれの楽章は関連し合っている。ヴァイオリン記号とバス記号による記譜は、たしかにピアノの楽譜のように見えるが、しかしピアノの楽譜が想定されているわけではまったくなく、演奏できない箇所もままある。楽器の指示が書き込まれていることもあるため、文献でしばしば目にする「ピアノ・スケッチ」という概念は誤解を招くものだ。むしろこれは、スペースを節約した総譜《パルティチェッラ》〔略式の総譜〕の記譜であって、次の作業過程で、この草稿は大規模な総譜に書き写されることになったはずである。

この二つの交響曲断片の場合はその作業過程にいたることはなかったわけだが、ピアノ・ソナタの場合と異なり、その理由を少なくとも薄々は感じとることができる。二つのうち最初の、一八一八年五月に開始されたD六一五は、広大で緩徐な序奏で始まる。ハイドンの最後のロンドン交響曲〔第一〇四番〕からの影響を見てとることができるが、しかしハイドンは早くも冒頭で凌駕されている。というのも、ハイドンの付点リズムによる五度および四度跳躍〔ニ音―イ音〕が、シューベルトでは奇妙かつ大胆な三全音――増四度〔イ音―変ホ音〕――に変わっているのだ。

このアイディアをさらに発展させようとしたのだろうか、二年半後に同じくニ長調で書かれた次なる断片（D七〇八A）の冒頭楽章でシューベルトは、第一副次楽節をなんと変イ長調で始めている。異常な調連関という点ではおびただしいこと極まりないシューベルト全作品にあってすら、これはじつに特異な事例であって、計画が結局は投げ出されたことの一因ともなったにちがいない。主要主題と副次主題のあいだに生じた三全音の連関によって、五度あるいは三度関係に基づいた調体系はすっかり常軌を逸してしまっている。

---

訳注3　経過草稿（Verlaufsentwurf）――楽曲全体の時間的な流れをあらかじめ定めたうえで、個々の部分を埋めていく草稿のこと。

以後このような実験が繰り返されることは二度となかったわけだが、この実験でシューベルトは、後続する箇所で決して安定を取り戻すことのない、ある種のマニエリスム〔均整を破壊する極度の作為性を意味する美術用語〕に自分がはまり込んでしまったことに気づいたのであろう。D六一五の冒頭楽章は提示部の終わりまでしか書かれていない。つまりピアノ・ソナタの諸断片とは違って展開部に到達することはなく、展開部のかわりに次なる楽章の草案が始まっているのである。D七〇八Aについても事態は似ているが、いずれも断片的な形式ではあれ全四楽章からなるチクルスの様相を示している。

この二つの草稿から、交響曲の新たな構想をめぐる格闘は、二回も袋小路に迷い込んだことがわかる。この試みを挫折させたものが、ハイドンの模範から自由になる努力であったのか、あるいは、ほとんどマニエリスムのごとき歪曲によってベートーヴェンの形式配置を凌駕せんとする息詰まる力わざだったのか、それは決めがたい。そうした判断をするための作品構想が、その後十分には育たなかったからである。とにかく、シューベルトのうちに創作上のクリーゼを示す証拠を求めるなら、それはここ交響曲の領域のうちに最もたやすく見出される。

ところが、直後の交響曲断片によって、この診断には早くも疑問符が付されることになるのだ。放置されたニ長調の草稿のすぐあとに開始されたホ長調の交響曲D七二九（一八二一年八月）は、ある意味では完成されているからである（それゆえこの作品は後年、指揮者フェーリクス・フォン・ヴァインガルトナーがいち早く行ったようないくつかの補筆によって、たやすく仕上げられもしたのである）。断片の状態はここでも、先行する二つの作曲とは異なっている。すなわちこの断片は、一六五頁におよぶ長大な総譜に四つの楽章すべてを含んでいるのだ。

さしあたって第一の工程として、全体をとおしていくつかの主要声部（多くはバスと旋律声部）が書き込まれるにとどまっている。第二の工程でなされたのは、冒頭楽章に細かく分け入ってこれを浄書総譜のかたちに充填する作業であった。この膨大な総譜作成の最終段階で、いつもの終止記号に加えて「終わり（Fine）」の語がすでに書き込まれている。つまりシューベルトは明らかにこの構想を有効なものとみなしていたのであって、ただなんらかの理由から、浄書に仕上げる作業が妨げられただけなのである。したがって、この作品を「断片」と呼ぶのはまったく正当ではない。

冒頭楽章は、ホ短調による荘重かつ哀歌風の序奏に続いて、ホ長調で始まる。これはシューベルトの交響的作品では初めての、そして交響曲作曲家《シンフォニカー》ベートーヴェンが用いることのなかった調だ。この楽章では、提示部にただちに続く再現部が、珍しいことに三度関係のハ長調で始まる点に、ソナタ形式をめぐる実験が見てとれる。さらにこの再現部の開始には、存在しない展開部の諸要素が凝縮されているのである。交響曲の展開部を割愛するというのは、少なからず独創的であるにせよ大いに疑わしい構想である。

総譜を推敲する段階になって、この構想が、ベートーヴェンの交響曲楽章モデルからのあまりに月並みな回避と感じられたがゆえに、シューベルトは作曲を放棄したのだろうか――それは定かでないが、この箇所の前後で浄書の推敲作業が途切れているのは偶然ではなかろう。いずれにせよ、この本来的でない展開部の構想（先立つ交響曲草案はどちらも展開部に達してさえいなかったことを想起されたい）は、シューベルトが本来的に直面した交響曲の問題に光を投げかけてくれるのであり、この問題は、続く《未完成交響曲》でめざましい解決を見ることになる。

## 未完成における完成

《未完成交響曲》ロ短調D七五九の総譜が書き始められた一八二二年一〇月三〇日は、ロッサウの両親宅に逗留を始めた頃にあたる（ちなみに、実家にはその後もう一度だけ帰ってくることになる）。これが、直前の一八二一年一〇月に放置されたホ長調のD七二九とならんで、ベートーヴェンの交響曲にはあらわれない調で書かれた二つ目の作品であるのは、偶然ではないだろう。

冒頭楽章は、シューベルトがベートーヴェンと調停しえたことを示す最初のモデルである。この楽章で初めて、シューベルト独自の旋律・和声の語法は、ベートーヴェンによって崇高かつ壮大なるものに変えられた交響的大形式と、納得のいくかたちで折り合いをつけたのである。ここで見出された解決法は、ハ短調の四重奏断片にせよホ長調交響曲の冒頭楽章にせよ、それまでに形式をめぐってなされた実験によっては決して、直接に獲得されることはなかったように思われる。

この作品は、バスの最低音域から上行する旋律形で始まる。この旋律形には、濃縮された序奏、簡明的確な主要主題、交響的モットーという三つの機能が、多機能的な形姿へと融合しているが、その形姿はしかし実際のところ、形式の「外」あるいは「前」に存在するのだ。このモットーのあとでシューベルトはようやく、普通でない和声で組み立てられた提示部における二つの主要主題を呈示する。第一の主題（ロ短調）は、切迫した特有の哀歌的な神経質さをそなえている。いっぽう、第二の主題（ト長調）は大きく揺れながら耽溺し尽くすような歌である。この二つの提示部主題をつなぐのが、ごく簡潔なずらしの過程である。ホルンの単音から鳴り始めて副次主題の開始を呼び覚ますこのずらしは、シューベルトに特徴的なもので、「転調の奇跡」というじつに見事な呼称で呼ばれたこともある〔譜例1〕。

譜例1　《未完成交響曲》D 759 第1楽章。主和音の完全終止（第38小節）を構成するニ音だけを、ホルンとファゴットが引き延ばすことで、あっさり違った領域（ト長調）へとずらされる。「転調の奇跡（Modulationswunder）」は、ハンス・ケルチュ（Hans Költzsch）による1927年の評論で使われた用語

しかし楽章の中央にあらわれるのは二つの主要主題ではなく、形式上そもそも治外法権だった冒頭のモットーである。モットーが、劇的な噴火へとのぼりつめてゆく展開部を形作るのだ。この展開部を風よけにしてこそ、抒情的な提示部の両主題は、いわば無傷のまま、続くプロセスに関与できている。両主題のかたわらにあって展開部の主な負荷を担うモットー主題は、しかし再現部の冒頭ではまったく姿を見せない。

この形式構想が見せる精密なあいまいさに、モットーの少なからぬ魅力がひそんでいよう。つまりこの形式構想には、ハ短調の四重奏断片で見られた、再現部冒頭で消失するモットー主題という着想が認められるいっぽう、他方では、ホ長調の交響曲で試された、提示部の直後に異なる調で入る再現部という構想もまた認められるのである――ただし提示部のあとの長大な展開部を経て、もともと期待された再現部の過程へと移行することになるのだが。

下属調のホ長調をとる第二楽章は、単音から切り替わる「転調の奇跡」の技法をもとに、毎回違った響きの効果を幾重にもわたって獲得している。冒頭楽章ではホルンの単音だったが、ここでは常に、第一ヴァイオリンの孤独な旋律線によってその効果がもたらされる〔譜例2〕。このような箇所では、素材としての響きがただちに作曲の本質だと感じられる。すなわち楽器法が、表現のための手段ではなく、事柄そのものになっているのだ。と同時に、こういうホルンと弦楽器の響きによってこそ、古典的な交響曲の管弦楽からロマン派オーケストラへの転換の発端にシューベルトが位置する、とも考えられてきた。

第三楽章の草案も浄書で数小節分が残っているにもかかわらず、シューベルトがこの作品を完成させることはなかった。それがなぜかは結局のところ明らかにはならないだろう。たんに、作曲中にもっと儲かる別の仕事が入ったのだという理由も考えられる――たとえば《さすらい人幻想曲》D七六〇（一八二二年一一月）の作曲には、貴族の依頼主から太っ腹な報酬が支払われた。

奇妙に矛盾したロ短調交響曲の状況は、作曲家も意識していたように思われる。この矛盾をめぐる認識は、その後の不可解な行動にあらわれているからだ。シューベルトは、かつてサリエーリのもとでともに学んだアンセルム・ヒュッテンブレンナーに自筆譜を贈っている。ヒュッテンブレンナーはこのときすでに故郷グラーツに帰っており、そのグラーツから、ウィーンの旧友をシュタイアーマルク音楽協会の名誉会員に斡旋したのであった。贈り物として譲渡されたのだから、シュー

譜例２　《未完成交響曲》D 759 第2楽章。この副次主題への移行で「転調の奇跡」を担うのは、ヴァイオリンの単音。嬰ト音の引き延ばしによって、牧歌的なホ長調から痛切な嬰ハ短調へと移る（第64小節）。シューベルトの嬰ハ短調は、「さすらいの調」と呼びうる深刻さをそなえている（堀『〈フランツ・シューベルト〉の誕生』、37頁および252頁参照）

ベルトがこの作品を失敗した実験とは断じてみなしていなかったことは明らかである。

完成された楽章は筆舌に尽くしがたく完璧なトルソだったのに、手放して永久に視野から遠ざけてしまったというのはなんとも理解しがたい。おそらくこの時点ではシューベルト自身にとっても、大交響曲という目標はまったく達成されていなかった、ということなのだろう。そのことは、この作品を物理的に引き離してしまったこと、そして後年の発言〔一〇八頁参照〕からもわかる。二楽章であるゆえに調的にも未完結なトルソを、現に上演すること――それは今日のコンサートの聴衆にとってはまったく当たり前のことだが――など当時はもちろん考えられなかったし、総譜の受取人も、なにしろグラーツ音楽協会の芸術監督だったのだから、その立場にふさわしく消極的に応じたのである。

シューベルトの死後から数十年たってようやく、この作品はヒュッテンブレンナーの資料室の引き出しからふたたび陽の目を見た。それがコンサートホールを通って凱旋を果たし、世に出始めることができたのは、一八六五年、じつにリヒャルト・ヴァーグナーの《トリスタンとイゾルデ》初演の年であった。

ロ短調交響曲にとりかかる少し前、ふたたびショーバーのもとで一時的に暮らしていたシューベルトは、一編の散文を草している。大規模な諸断片が構想された一八二〇年代初めと時期的に近いこの散文は、まさにそれゆえ少なからぬ注目を集めてきた。これはある種の寓話的な物語であり、一八二二年七月に鉛筆書きされたあとペンとインクで修正がほどこされている。明らかにあとになってから、しかも奇妙なことに原稿の最後に書き込まれた「僕の夢」というタイトルが自筆かどうかは、研究者のあいだで意見が分かれている。そもそもこの文書の解釈をめぐる議論は、今日にいたるまで収束を見ていない。意見が一致しているのはせいぜい、怒れる父、死せる母、亡くなった乙女、そして最終的な和解をめぐるこの物語を――すでにそうされてきたとはいえ――自伝的な資料として文字どおり受け取ってはならず、またこの物語からロ短調交響曲の詩的プログラムのようなものも読み取ってはならない、という点である。

これはおそらく、たとえばノヴァーリスを模範にした詩的な作文練習のようなもので、友人サークルで行われていた読書会や議論の集いといった背景から理解されよう。そう考えれば、このテクストに複数の筆写が存在することもうなずける（そのひとつはモーリッツ・フォン・シュヴィントの手による）。いずれにせよこの文書は、友人たちの関心に触発されたシューベルトが、音楽だけでなく文学をも注意深く観察していたことを思わせる。

ロ短調交響曲は、シューベルトの書いた断片のうち、最後ではないにしても最も有名なものだろう。これと比肩する、その次にくる断片として少なくとも言及に値するのが、未完の大ピアノ・ソナタ ハ長調D八四〇である。没後一九世紀なかばの初版以来、出典の疑わしい「レリーク（聖遺物）」なる呼称で知られるようになったソナタだ。ちょうどロ短調交響曲と同じく、完成された二つの楽章では形式をめぐる大胆な実験が繰り広げられているものの、超然とした様式を示している。自筆譜ではこのあとに、それぞれ中断された第三、四楽章が続く。なんらかの理由で最後まで仕上げられることはなかったが、このD八四〇は、同時期に成立したイ短調ソナタD八四五にまったくひけをとらない姉妹作である――後者は、シューベルトが初めて有効なものと判定したソナタであり、作品番号四二をもって出版された。どちらの成立も一八二五年春である。

シューベルト作品のなかで大きな意義をもつ、ただし断片ないしトルソに終わった大形式は、要するにこの時期にあっても生み出されていたのである。

総括すると、「クリーゼの時期」の成果としての隠れもなき様式転換が、正確な切れ目をもつと結論することはできない。それは、あらゆるジャンルにわたって同時に、同じ比重をもって生じたわけではないのである。

よく知られた作品だけを挙げてみても、四重奏断章D七〇三（一八二〇）、一連のノヴァーリス歌曲（一八一九／二〇）、あとで論じる声楽作品《ラザロ》（一八二〇）、ロ短調交響曲（一八二二）、《さすらい人幻想曲》（一八二二）、オペラ《アルフォンゾとエストレッラ》（一八二一／二二）と《フィエラブラス》（一八二三）、連作歌曲集《美しき水車小屋の娘》（一八二三）……これらはいずれも若き日の語法をもうはるかに越え出ており、きわめて多様なジャンルと多様な時期に分散しているため、「決定的な」局面の始まりも終わりも、仔細に見れば境界がぼやけてしまうように思われる。

周到な計画をもって新たな方向に向かい始めた時期を画定するのであれば、それはもう少しあと、一八二四年の春に見出されよう。いまいちど器楽曲の大形式に、こんどははるかに体系的に着手した時期である。だがそれに先立ってシューベルトは、長い時間と情熱を費やして音楽劇に取り組み、この業種で最初の成功を収め、そして結局はすべての遠大なオペラ計画が挫折することで、幻滅を味わうことになるのである。

第四章

# めぐまれぬ愛——音楽劇

*Unglückliche Liebe: das Musiktheater*

## ジングシュピールから「英雄的・ロマン的オペラ」へ

音楽劇に寄せるシューベルトの愛は、早くから芽生えていたようだ。神学校時代には休暇のたびに、もう成人した先輩シュパウンに連れられてオペラ観劇に出かけていた――こんな事実からも、シュパウンが少年シューベルトの後見人の役割を果たしていたことがわかる。そのシュパウンの回想によれば、シューベルトが接した最初のオペラは、宮廷楽長ヨーゼフ・ヴァイグルの《スイス人一家》(一八〇九年以降のレパートリー)であり、これはすでにヨーロッパ中で大人気を博していた。さらに、同じくヴァイグルの《孤児院》(一八〇八年以降)とクリストフ・ヴィリバルト・グルックの《タウリスのイフィゲネイア》が続く。

これら三つのオペラいずれにあっても、特定の主役歌手がいた。シューベルトを深い驚嘆にいざなった、しかもそれが生涯にわたって途切れることなく続いた人物である。ソプラノ歌手アンナ・ミルダー(一七八五~一八三八)と、本書でもすでに名の挙がったテノール・バリトンのヨハン・ミヒャエル・フォーグル(一七六八~一八四〇)だ。二人ともシューベルト伝のなかでもっと重要な役割を与えられてしかるべきである。

ずいぶん早いうちからシューベルトは、モーツァルトの《魔笛》からスポンティーニの《ヴェスタの巫女》を経てケルビーニの《メデア》にいたるまで、広いレパートリーを聴き知っていたようである。オペラ観劇は神学校時代の楽しみであり、それが友人サークル全体にあっても後年まで続いたのは確かである。そのうえ、ケルントナートーア劇場での宮廷オペラにとどまらず、オペラ観劇の足はレオポルトシュタットやアウフ・デア・ヴィーデンにある郊外劇場(アン・デア・ウィーン劇場)にも伸びるようになる。こうした郊外劇場では、いわゆるウィーンの民衆コメディにまでジャンルの範囲が拡大されていたのだった。

シューベルトの全作品のうち、舞台作品はかなりの割合を占めている。単純に量の点から見るなら、遺された自筆譜の総量のうち、舞台作品の楽譜はじつに四〇パーセントにのぼる。にもかかわらずこの巨大な亜大陸は、今日にいたるまで、作品総体の知られざる一断面をなすにすぎない。完成された作品は少なくとも一一という驚くべき数にのぼり、完成されなかった作品も七つを数える。

完成されなかった作品の多くは初期のものである。《鏡の騎士》D一一（一八一一）と《悪魔の別荘》D八四（一八一三／一四）は、どちらも当時の名高い台本作家アウグスト・フォン・コッツェブーのテクストによる。これに、同じ年のうちに信じられぬほどの速さで続けざまに成立したジングシュピールが続く。若き自由主義の詩人テオドール・ケルナーによる《四年間の歩哨勤務》D一九〇（一八一五年五月）、友人アルバート・シュタードラーが台本を書いた《フェルナンド》D二二〇（一八一五年七月）、ゲーテのテクストに付曲され、断片のみ遺された《ヴィッラ・ベッラのクラウディーネ》D二三九（一八一五年七月末）、ヨハン・マイアホーファーの台本による《ザラマンカの友人たち》D三二六（一八一五年末）である。

一部は友人サークルに由来するこれらのテクストとならんで、後年には、よりハイレベルな主題が（いずれも断片でしか伝えられていないが）扱われるようになる。シラーの同名のバラードに触発された《人質》D四三五（一八一六）、抒情悲劇《アドラスト》D一三七（一八一九／二〇年成立、マイアホーファー台本）、インドの物語に基づいてヨハン・フィーリプ・ノイマンが台本を書いた《シャクンタ一ラ》D七〇一（一八二〇年秋）、がそれである。

すでに触れたように、シューベルトは早くから、しかもかなり長きにわたって、宮廷楽長アントニオ・サリエーリの作曲レッスンを受けている。サリエーリはすでに一八〇〇年以前から、イタリアのジャンルの伝統に基づいて注目すべき実験的な作曲を行っていた。シューベルトの作品目録にいくつか見られるイタリア語の声楽作品が、その賜物であるのはまちがいない。

いっぽうでドイツ語テクストの扱いにかんして、サリエーリのシステマチックな教えはおそらくほとんど何の影響ももたらしていない。最初期の魔法オペラ《悪魔の別荘》D八四はサリエーリとともに書き通したらしく、師からの刺激で第二稿にも取り組んだようだが、しかし若きシューベルトがそのような助けをそもそも必要としたのか、という疑問も残る。なにしろすでに歌曲の分野では、クロップシュトック、ヘルティ、シラー、ゲーテの詩に付曲することで、複雑なドイツ語の音韻とデクラメーションの問題に取り組んでいたのだから。師の助言は、どちらかといえば作劇法《ドラマトゥルギー》をめぐる一般的な問題と関連していたと思われる。

ここから推察するに、歌曲や器楽の領域と同じく、シューベルトはまずもって自分の直観に従ったにちがいない。舞台作品にかんしてもその直観に応じて、最初に自分の立ち位置を知るべく、いくつかの模範が参照されたのであろう。

その直観のもとになったと思われるじつに多様なモデルを、ウィーンの音楽劇場は提供した。その広がりは、魅惑的であるがじつに入り組んでもいる。一八〇〇年頃のウィーン・オペラが見せるジャンル類型上の多様性は、今日にいたるまで音楽資料の編纂者の関心を大いに誘ってきたのだ。これと似たような創造上の刺激を、醒めた観察眼をもって劇場に足を運んでいた若き同時代者も受け取っていた――そう思い浮かべてみても許されよう。

ようやくモーツァルトが定着させて多様化をきわめたレパートリーに始まり、グルックによるオペラ改革の構想とサリエーリ自身の弟子たちによる実験的なモデルを経て、フランス革命オペラ、そしてベートーヴェンの《フィデリオ》という驚くべきジャンルの混淆にいたるまで、供給は豊富だった。これに、ロッシーニによって後世まで影響を残すかたちで翻案されたイタリアの伝統、さらには郊外の劇場でのジングシュピールや魔法劇が加わるのである。当時の慣習としてウィーンでは、贅沢に音楽づけされることなしに芝居劇場で作品が上演されることはまずなかった、ということも忘れてはならない。

そもそもの初めから普遍主義者《ウニヴェルザリスト》として、あらゆるジャンルと折り合いの良かった若者なのだから、たちまちのうちにオペラを習得してしまったとしても驚くにはおよばない。純粋に音楽的な観点からすれば、ほとんど何の障害もなかっただろう。

ところが、ほかのどの領域とも違って、こと舞台の制覇に際して問題になるのは音楽的なことではまったくなかった。むしろ問題なのは、頼るべき道標《みちしるべ》がほとんど通用しないに等しい、劇場という閉鎖的な領域に踏み出さなくてはならなかったということである。だから、これほど早い段階でシューベルトがオペラ作曲に乗り出せたのは、決して当たり前のことではなかった。

シューベルト時代のオペラは、それこそ途方もなく巨大な特別ジャンルだった。器楽や社交的な声楽とは対照的に、それは閉じられた一つの世界であり、独自の規則性に従って動くこの世界に初心者がアプローチするのはきわめて難しかった。莫大な費用がかかるため、オペラはそもそも、ウィーンによく見られた市民的な交際を組織するメカニズムとはほど遠い。オペラの維持には、後援者《パトロン》をめぐる込み入ったやり方で金銭が投資されなくてはならなかったし、経営的な活動も必要だった。

そうした活動を担ったのはもともと宮廷だったから、ヨーゼフ二世の単独統治が始まって間もない一七八

ケルントナートーア劇場。1709年に建設され、1761年に焼失したあとに建て直された。カール・ヴェンツェル・ザジセックによる水彩画(1923)

二年にはまだ、ドイツの国民劇場という理念のもとでモーツァルトの画期的な《後宮からの誘拐》の上演が可能であったのだが、宮廷がそうした経営的な活動をめぐる責任から身を引いてすでに久しかった。二つの宮廷劇場——ブルク劇場とケルントナートーア劇場——は一八〇七年以降、まずは貴族の組合による管理システムに引き渡され（このシステムはひっきりなしに変化する流動的なものだった）、ついには機会ごとにそれぞれの事業主に賃貸でゆだねられるようになる。これによって、催し物はわりと絶え間なく保証されたものの、管理運営はまったく安定していなかった。対して、私的に運営される郊外の劇場——アン・デア・ウィーン劇場およびレオポルトシュタットとヨーゼフシュタットの両劇場——は、景気の変動に左右されやすかった。

つまり、ウィーンの劇場とオペラ経営のシステムを門外漢が見通すのははなはだ難しく、予測するのはもっと困難であった。そんなわけで、シューベルトは時おり自分のオペラに対する陰謀を手紙で吐露したが、はたしてこれがたんなる疑惑ではなく実体験に根差していたのか、それも定かではない。ベートー

レオポルトシュタット劇場。この郊外の劇場では、宮廷劇場と一線を画す笑劇などのレパートリーが人気を博していた。シューベルトがこの劇場に何度も足を運んだのは確実で、そこで聴いた音楽は《さすらい人幻想曲》をはじめとする作品にも姿を見せている（堀『〈フランツ・シューベルト〉の誕生』、90頁参照）。フランツ・シャイラー画（1825）

ヴェンにとってすら状況は厳しく、彼もこの分野を意のままにすることは決してなかった。

だから、そもそもシューベルトが早期からこの業界に入り込めたことは、注目すべき事実だと考えなくてはならない。ここでは友情と交際のネットワークも力を発揮できなかったからである。長い目で見るとそれほど成功をあげることはなかったという事実も、それほど驚くにはあたらない。まったく珍しいことではなかったからだ。要するに、シューベルトにとって一時的にはかなり開けて見えた展望だったものの、その展望も結局は、友人のネットワークが影響をおよぼしうる限界点で終わったのである。

最初期の作曲はどんな背景で試みられたのか。それは推測するほかない。たとえば《鏡の騎士》が仮に完成されたとして、はたしてそれが神学校や友人サークル内で上演されえたかは疑わしい。華々しい舞台装置で不意の効果を効かせる《悪魔の別荘》は、極端な魔法オペラであったから、仲間内での上演は端《はな》から不可能だった。これは自分の技術知《メチエ》を確かめるために純粋な練習曲として書かれたのか？　そうだとすると、これら最初期の試みは、シューベルトのいつものやり方からあまりにきわだちすぎている。棚上げするために、あるいは理解ある後世のために目的なく作曲するなどというのは、まじめな選択ではありえない。

同じことは、友人サークルのテクストに基づいて一八一五年頃に成立したジングシュピール群についても言えるが、これらの作品にそれぞれ現実的な上演可能性があったのかどうかはわからない。

そうこうするうちに音楽劇作品はどんどん積み上がっていったわけだが、それは若き作曲家にとってまったく益のないものでもなかった。それらの存在が友人の輪を越え、権威あるサークルでもうわさを呼び始めたのだ。こうして重大な転機が訪れる。以後、シューベルトのオペラ作曲のスタイルと水準を大きく向上させた転機である。

二三歳の折に宮廷オペラからそこそこの公的な委嘱を受け、一幕のジングシュピール《双子の兄弟》D六四七（一八一九年一月、ゲオルク・フォン・ホーフマン台本）が一八二〇年六月にケルントナートーア劇場の舞台で上演され、シーズンの終わりまで何度か再演されたのである。この委嘱をとりもってくれたのが、大きな影響力をもつヨハン・ミヒャエル・フォーグルだったという事実は銘記すべきである。フォーグルはシューベルトによって特別に、タイトルロールの一人二役をあてがわれたのであった。これに続けてさらに小さな委嘱――エロールの《魔法の鈴》への二つの挿入曲――が舞い込んだ事実は、《双子の兄弟》を作曲した若者が、宮廷オペラの運営部からの評価をますます上げ始めたことを示している。

また、すでに述べた社会的ネットワークが、結局はここでも決定的な意味をもつこととなった。一八二〇年八月にアン・デア・ウィーン劇場の舞台で上演されたメロドラマ《魔法の竪琴》への付随音楽D六四四を直接とりもったのも、一人の友人だったからである。すなわちレオポルト・ゾンライトナーが、台本に音楽をつけるにあたって〔劇場側から〕意見を求められた際、知己のあった舞台芸術家にシューベルトを紹介し、この舞台芸術家によって年間の慈善公演が保証されたのであった。

ケルントナートーア劇場による最後の委嘱として知られる作品についても、事態は同様である。「英雄的・ロマン的」オペラ《フィエラブラス》D七九六は、劇場の新しい賃借人ドメニコ・バルバヤ(一七七八〜一八四一)によって、あるいはそのプログラム委員会によって、遅くとも一八二三年の末には委嘱された。しかしこれをとりもったのは、歌詞を担当したヨーゼフ・クーペルヴィーザーである。彼は、シューベルトの友人で画家だったレオポルト・クーペルヴィーザーの兄にあたり、当時の劇場秘書——いわば今日の文芸部長に相当しようか——の地位にあった。つまり、やっと実現したこの大規模な宮廷オペラの委嘱に際しても、友人ネットワークが決定的な役割を果たしたのであった。

この委嘱に先立つのが、一八二二/二三年のシーズンのためにまったく後援なしで書かれ、一貫して不首尾に終わった「レチタティーヴォつきの[…]三幕の大ロマン的オペラ」、《アルフォンゾとエストレッラ》D七三二である。ミラノに生まれ、ナポリでまずはオペラ事業者として成功したドメニコ・バルバヤは一八二一年一二月、ケルントナートーア劇場とアン・デア・ウィーン劇場の監督を同時に務めるようになった。その戦略は当初から、ドイツオペラとイタリアオペラのプログラムを並行して、競わせるかたちで組むというものであったから、ウィーンでの最初の成功も、ロッシーニ・シリーズ——ロッシーニのウィーン・デビュー(一八一六/一七)から二番目のシリーズにあたる——とウエーバーの《魔弾の射手》であった。とくに後者こそが、《アルフォンゾとエストレッラ》の創作意欲をかき立てたにちがいない。その創作は、シューベルト全作品において、簡素なジングシュピールから大規模なオペラへの質的な飛躍を画している。

一八二〇年にケルントナートーア劇場とアン・デア・ウィーン劇場で上演された小ぶりな二つの舞台作品《双子の兄弟》と《魔法の竪琴》も、ケルントナートーア劇場のための大オペラへと向かう展望を示している。これら二作品はその点で抜群にきわだっており、ウィーンの紙上で期待を込めて幾度となく言及されていた。友人たちも新聞記事でさかんに支援し、せき立てていたのである。オペラ作曲家としての、一八二三年の最終的な突破《ブレイクスルー》がいまや目前に迫っているかのようだ。

だがしかし、シューベルトはあと一歩のところでやり損なってしまう。みずから運営をやりくりする手腕がまだ十分に備わっていなかったからだ。めぐまれぬ状況下での友人たちの支援によるロジスティックスがうまく働かなくなるや、シューベルトがウィーンの劇場風景に溶け込むことは永遠にできなくなってしまったのだ。

## 舞台での成功と挫かれた希望

「英雄的」および「ロマン的」という限定詞を、どちらの大作も——拒絶されたほうも、公的に注文されたほうも——副題に冠している。このジャンル表示は、《アルフォンゾとエストレッラ》D七三二については、レオポルト・ゾンライトナーのシューベルト追悼辞に掲載された作品目録から、《フィエラブラス》D七九六については、検閲局に提出された台本サンプルから確認できる〔一〇一頁の図を参照〕。

しかし、両作品の形式が相違している事実からも、この表示によって作曲家が分類学上の定義のようなものを意図したのでは断じてないことは明らかである。どちらの作品においても、フランス的、イタリア的、ドイツ的なジャンルの性質が、それぞれ異なるやり方で、まったく独自の構想のうちに融合しているからだ。こうした特徴は、どちらの題材も中世の宮廷世界に根をもっていることと関連していよう。騎士の冒険譚が闘いや愛と混ざり合うこの題材には、雑多な大衆文学のモデルを見つけることもできる。騎士物語は、当時の文学で大いに流行を迎えていたのである。どちらの台本もシューベルトの友人（ショーバーとヨーゼフ・クーペルヴィーザー）の筆になるが、しかし作品を現実の舞台に押し上げるために必要なつてを台本作者が意のままにできたのは、クーペルヴィーザーによる《フィエラブラス》のケースだけである。

「大」オペラへの野望を抱いていたシューベルトであったが、《アルフォンゾとエストレッラ》ではいまだ、むしろジングシュピールにおける感傷的な牧歌と英雄騎士オペラにおける筋書きモデルの中道を進んでいる。そのことによってこの作品は、シューベルトのオペラ美学が試行錯誤の末に転換と拡張を遂げたことをはっきり示しているのだが、しかしこの中道は、ドラマトゥルギーのうえではまったき弱点であったことがわかる。

緊密な共同作業であったことを考えると、その責任はなにも台本作者だけに帰せられるものではなかろう。近しい友人フランツ・フォン・ショーバーの台本によるこの最初の大オペラは、芸術家同士による真の共作の賜物だからである。このオペラのために作曲家と台本作家は、いっときのあいだザンクト・ペルテンに隠棲までして、世間から隔絶された状態で仕事をしていたのであった。ほとんど同時に書かれてゆく台本をもとに間髪入れず進められていった作曲作業は一八二一年九月秋から一八二二年二月におよんでいて、数十年を経てショーバーが回想したところによれば、それは「きわめて幸福な熱狂のうちに、心と精神のきわめて偉大なる無垢のうちに」あった（Erinn., 485）。専門領域でのいかなる実践的な経験もなしに構想された、ということだ。

もっとも形式の観点からすると、この作品は注目すべき革新を示している。すなわち、ジングシュピールでは通例だった話し言葉による会話に制約されておらず、そのかわりに導入されたレチタティーヴォ部分も、イタリアオペラと違ってたんに通奏低音にのみ支えられたセッコではなく、オーケストラによって豊かに作り込まれたアコンパニャートをとっている。このことは、当時のドイツ語オペラにとってはまだかなり異例であった。

そんなわけで《アルフォンゾとエストレッラ》は、公には認知されずに終わったものの、構想のうえでは「通作された」ドイツオペラの野心的な系列につらなっている。この種のオペラはその後まもなく、ルイ・シュポーアの《イェソンダ》やカール・マリア・フォン・ウェーバーの《オイリュアンテ》によってようやくジャンルの模範を確立し、長きにわたって継承されてゆくことになる。


ともかくも注文なしに書かれたこの作品が受け入れられなかった決定的な要因は何か。事後的に見積もるのは難しいのだが、それは考察の集中度によるだろう。ドラマトゥルギー上の弱さはたしかに否定できない。第一に、筋を動かす重大な出来事――司令官アドルフォの裏切り――の露見があまりに遅い。この露見にいたるまで延々と繰り広げられるのが、スペイン王フロイラと、その息子である題名役アルフォンゾとの一風変わった、しかし決して厄介ではない親子関係である。このことによって第二に、主人公はそもそもの初めから抒情性を帯びたアンチ・ヒーローとなっているため、反旗をひるがえすアドルフォに主人公がやがて打ち克つなどという成り行きを受け入れることは難しい。さらに第三に、森をさまよう隣国の王女エストレッラによせる主人公の愛を妨げるものは何もなく、むしろこの愛は興奮を引き起こさない「牧歌」の筋書きモデルに従っている。

こうした叙事的な傾向や抒情的な箇所を、はたしてショーバーがすべて意識したうえで友人のために台本をしつらえたのかどうか、それはわからないが、シューベルトが何よりも歌曲作曲家としてこれらの性質をよく知り、大事にしていたのは確かである。少なくとも、全三幕のなか、右に挙げた牧歌性・叙事性・抒情性といった特徴がぴたりと当てはまる重要な箇所がある。長大なオペラの中央にあたる第二幕の冒頭でアルフォンゾが、大好きな歌をうたってくれるよう父に頼む場面だ。この《雲の乙女の歌》には、ハープによる枠づけのもとでこの上なく繊細な楽器法がほどこされており、第二幕への、まったく筋書きから外れた導入のようにも響く。シューベルトはここで、オーケストラ歌曲の装いすらまとって、ほかを寄せつけぬ歌曲創作の技術を披露しているのだが、全部で一〇分も要するこの抒情的なシーンは、筋書きを押し進める要素としてはまったく場違いである。

後年、この歌の八小節が《冬の旅》のなかで、すなわち一つの連作歌曲のなかでもしかるべき場を見出した。〈幻〉(第一九曲)においてである。このことは、シューベルト自身が音楽の質を認めたという事実だけでなく、ドラマのなかにこの音楽が居場所をもたないという事実からも、注目に値しよう。たとえこのオペラのなかで、とくにアドルフォによる反乱の企てをめぐって、あるいはそれに続く戦闘の場面で、耳を引く劇的なアンサンブル楽曲があるとしても、それらは結局のところ、全体構成のうちにあっては、お互いあまりに隔たった島々のように聞こえる。それゆえこのオペラの全体構成は、概して、真に劇的というよりは、むしろ叙事的・抒情的と呼ぶことができるのである。

そう、こうしたことはたしかに否めないとしても、ここには《未完成交響曲》や《さすらい人幻想曲》を直接に先取りするような美しい音楽が満ち溢れているのであり、今日にいたるまでこのオペラがためらいがちにしか上演されておらず一般には忘れ去られているという事実は、とうてい受け入れられない。そのため、この作品の深遠なる抒情性、そして叙事的なものへの広がりが、成熟期シューベルトの重要な性質をなすのではないか、という問いは熟考に値する。

ドラマトゥルギーの弱みを非難するのではなく、この性質に、むしろ新しい叙事的・抒情的なオペラ構想のプロジェクトを見てとることもできる。静的で黙想的な単調さ、瞑想への沈潜、作り込まれた無時間性(auskomponierte Zeitlosigkeit)[訳注4]は、後にもまた触れるように、たしかにほかとは取り換えのきかないやり方で、シューベルトの成熟した器楽様式に固有な語法をなすことになるとはいえ、これらの性質はしかし実際のところ、舞台上でしっかりしたドラマトゥルギー上の構想を導くに足るものではない。

この作品が拒絶されたことでシューベルトは傷つき、以降いかなる場所でもこの作品で幸運にめぐまれることはなかった。オペラ界では百戦錬磨だったヨハン・ミヒャエル・フォーグルは少し前に舞台活動からは退いていたため、この作品に興味を示すことができなかった。評判高いアンナ・ミルダーも、この頃はベルリンで契約関係に入っており、筆写譜を取り寄せたにもかかわらず、最終的には興味を示さなかった。シューベルト自身この作品を大事にし、最晩年にはグラーツでとりあげてもらおうと試みたが、やはり失敗に終わった。ようやく一八五四年、フランツ・リストがヴァイマルの宮廷楽長時代に、このオペラを初演するにいたる。いくらか短縮されたその上演は、あまり歴史に残っていない。台本詩人フランツ・フォン・ショーバーはその少し前にリストの旅行随伴者および私的秘書のような役割を果たしていたものの、初演時にはヴァイマルにいなかった。

このオペラの「通作」原理は歴史上わりと早い段階の例であり、作品の魅力でもある。その少し前にシューベルトは、この技法を、委嘱された作品で初めて用いていた。そもそもは抒情的なオラトリオのジャンルに属するにもかかわらず、オペラ《アルフォンゾとエストレッラ》よりもはるかに劇的な《ラザロ、あるいは復活の祝典》D六八九（一八二〇年二月に作曲開始）と題する作品においてである。

多部分からなるこの未完の作品に、ジャンルを示すいかなる表題も作曲家は与えていない。音楽そのものは、オペラとカンタータとオラトリオの領域にまたがる。この風変わりな雑種ジャンルが、王政復古期にカトリック圏のウィーンで作曲されたというのは一見すると異例きわまりない。しかも台本は、プロテスタント敬虔主義に浴するハレの神学者アウグスト・ヘルマン・ニーマイアー（一七五四～一八二八）が四〇年も前に書いたものなのだ。

非常にきっぱり「筋／幕（Handlungen）」と記された三つの部分ないし幕のうち、シューベルトが付曲したのは最初の二つだけである。しかし、ラザロの死と復活をめぐる新約聖書の物語を扱うその音楽は、思いやりあふれた友人たちが残らず駆けつけてくれるという筋書きが付加されることで、思いがけない劇的性格を獲得している。ここでも音楽は、レチタティーヴォとアリオーソとアリアが流れるような移行を重ねることで通作されている――ただし全体として、後年のオペラよりもすぐれて簡潔である。

---

訳注4　「作り込む」と訳したauskomponierenには、あいまいな要素を排除して隅々まで作曲し尽くすというニュアンスのほか、そもそもは無時間のものを時間的に引き延ばすという意味もある。後者の観点からすれば、「無時間的なものを時間的に引き延ばす」という逆説が成し遂げられている点――時間的な音楽芸術によって無時間的なものを表現した点――に、シューベルトの真価が存することになる。

最後の第三幕が作曲されなかったのは確実であり、第二幕末尾の自筆譜には消失した部分もある。そのためこのトルソは、一見したところごく自然に、問題含みな「クリーゼの時期」のアイディアにぴったりくるのだが、この断片の状態をじつに合理的・実際的《プラグマティック》に説明する試みも近年なされている。それは、間接証拠の連鎖だけに基づくにせよ、日時、作曲の中断、異例な台本といった多くの謎を一挙に解いてくれる説明である。

ウィーン大学にプロテスタント神学部門の設立が計画されており、一八二〇年春に制定されたその落成祝典のためにシューベルトが本作を委嘱された、というのである。この新部門はぜひとも必要不可欠であった。というのも、それ以前、ヨーゼフ帝の宗教寛容令によって容認されたプロテスタントが若手の聖職者を育成するには国外研修に頼るしかなかったのだが、この国外研修は、革命的思想からオーストリアの若者を「保護」するメッテルニヒ宰相の治下では厳しく禁じられていたからである（ちなみに、シューベルトの友人フランツ・ブルッフマンはこの禁止令をひそかに破り、シェリングのもとで学ぶためエアランゲンまで出かけた）。だがシューベルトの作品が完成にいたる前に、新設部門の落成式は一年間延期され——これこそ作曲が中断された理由である——音楽を潤沢に採り入れた祝典行事は簡素な式典に変更されたのだった。

というわけで、もしこのオラトリオ風カンタータ《ラザロ》が完成されていたとしたら、オペラ《アルフォンゾとエストレッラ》がまさに高度な音楽的レベルでは叶えられなかった次元に到達できていたのではないか、とさえ言うことができる。対話《ディアローグ》に縛られない「通作」によるこの実り多きドラマトゥルギーは、友人ヨハン・マイアホーファーの台本による《アドラスト》D一三七（一八一九／二〇）をも後押ししたかもしれないが、こちらのほうはまったく断片的な状態であってテクストも消失しているため、いかんとも判断しがたい。

ケルントナートーア劇場では、一八二三年一〇月に完成をみた《フィエラブラス》がいまだ上演を待っていたが、シューベルトはアン・デア・ウィーン劇場の舞台でもう一つ、金にならない義理の仕事をした。オペラではなく、ヘルミーナ・フォン・シェジーによるロマン的劇『ロザムンデ、キュプロス島の王妃』への付随音楽である。シェジーは当時、ウェーバーの《オイリュアンテ》の台本作者として重用された人物であり、シューベルトは彼女に、自分の音楽の権利を一〇〇グルデン（協定貨幣）で譲った。作品は一八二三年のクリスマス直前に上演され、もう一度再演された。

シューベルトによる《ロザムンデ》の音楽D七九七は三つの合唱曲と三つの間奏曲と二つのバレエ音楽、それに〈羊飼いの旋律〉と〈ロマンツェ〉からなっていて、すぐに忘れ去られた原作よりも生命を保ち、少なくとも何曲かは、今日にいたるまでシューベルトの最も人気ある作品に数えられる。

序曲にかんしては、時の流れのなかで若干の混乱が生じた。まず、初演時のためにシューベルトは《アルフォンゾとエストレッラ》序曲を引っぱり出してきた（旧全集でこのオペラが序曲なしで出版されたのはそのためである）。その後、もともと《魔法の竪琴》D六四四のために書かれた序曲が《ロザムンデ》のために借用されるようになった。D六四四には当時（ヨーゼフ・ヒュッテンブレンナーによる）編曲版もあって、そこには《魔法の竪琴》のための序曲という表記とならんで「《ロザムンデ》劇の序曲」とも書かれている。

《フィエラブラス》の直前にさらにもう一つ、宮廷詩人イグナーツ・フランツ・カステッリ（一七八一〜一八六二）による出版されたばかりの台本に基づいて、シューベルトは一幕ものの小規模なジングシュピール《共謀者たち》D七八七を書いている。ヨーゼフ・ヒュッテンブレンナーの証言によれば、それはおそらく

《フィエラブラス》と同じく宮廷オペラの作曲依頼にさかのぼるのだが、宮廷で上演されることはなかった。しかもカステッリの台本が、ほとんど同時期にベルリンの作曲家アブラハム・シュナイダー（一七七〇〜一八三九）の付曲により当地の王立劇場で上演されてからというもの、ドイツ語圏のどこかで自作を使ってもらう可能性は、シューベルトには残されていなかった。

「共謀者たち」なる表題が意味するのは、アリストファネスの喜劇『女の平和（Lysistrate）』〔ギリシャ語で「軍を解放する者」の意〕で名高い、女たちのセックス・ストライキである。劇の主要な要素をなすこのストライキは、戦好きの男たちに対抗すべく行われる、あくまで平和主義的なもので、筋書きもまったく無害である。当時のウィーンの空気がよくあらわれているが、「共謀者たち」なる表題には転覆をねらった意図があると上層部に判断されたのだろう、検閲局の意向でこれは《家庭争議》という――すぐれてビーダーマイアー的な――題名への変更を余儀なくされた。

《フィエラブラス》の台本にも、検閲局の許可は型どおり必要だった。許可は一八二三年七月に下りた。作曲まっさかりの時期である。このオペラははるかに野心的な舞台プロジェクトであり、ヒロイズムと中世の騎士物語に基づくロマン主義、そして偉大さをあらゆる点で志向していた。フランク王国カール大帝の宮廷を舞台とする劇は、イベリア半島におけるキリスト教徒とムーア人の戦争時代を題材にしている。シューベルトと台本作者はケルビーニの《メデア》ないしベートーヴェンの《フィデリオ》というモデルにならい、語られる対話《ディアローグ》によって筋を展開する手法に立ち返っている。

音楽では、それぞれの人物に大規模なアリアが与えられているのみならず、長大な合唱アンサンブルのシーンもあり、メロドラマによって語りと音楽を混ぜ合わせた（すでに《魔法の竪琴》で実験済みの）かたちも使って筋書きを押し進めている。抒情性と劇的緊張のあいだに広がる表現の幅を十二分に支配する超然とした音楽は、作曲家の能力の高みを示しているものの、この作品はまだドラマトゥルギー上の弱みも抱えている。

台本作者クーペルヴィーザーは、《アルフォンゾ》のショーバーと違っていくばくかの経験を積んではいたが、それもストーリー展開が冗長になりがちなのを妨げてはくれなかった。とりわけ題名役のフィエラブラスはほとんどアンチ・ヒーローの枠を出ていない（ちなみにシューベルトとクーペルヴィーザーは〔中世フランス以降の伝承に即した〕Fierabrasではなく Fierrabras と綴っている）。カール王の宮廷に捕われたムーア王子であるゆえ、外的な制約から自由な行動ができないのである。加えてカール王の娘エンマへの熱狂的な愛も成就されない。この恋する不幸な男がエンマを諦めるのも、そもそもエンマにエギンハルトという恋人がいるゆえであって、英雄的というよりはたんに貴族的である。このように、主人公としてフィエラブラスは、共感の、もっと言えば同情の対象にはなりえても、熱狂させ情熱をかきたてる讃嘆の対象にはなりえない。

音楽的にきわめて意義深いこの作品が、ストーリーと静止のあいだに、動作と絵姿のあいだに張りつめる新種のドラマトゥルギーとして――まさにパリのグランド・オペラとしても通用するほどに――機能しうるかどうか。それが示されるのは、現代の上演チャンスがこれまで以上に訪れてからになるだろう。

だがこのオペラは一八二四年初頭に座礁する。音楽に落ち度があったわけではない。ウェーバー《オイリュアンテ》のいわゆる不成功を目の当たりにしたバルバヤは、どんどんドイツオペラに興味を失っていったと考えられているが、そのことに理由を求めるべきでもない。なんといっても《オイリュアンテ》は一八二三年の晩秋に少なくとも一一回上演されており、一八二四年初頭にはコンラディン・クロイツァーの《潜水者》という新たなドイツオペラに引き継がれてさえいるのだから。

真相はもっと現実的であり、なおさら興ざめなことだった。ヨーゼフ・クーペルヴィーザーは一八二三年一一月にある女優との婚外の色恋沙汰に巻き込まれ、有力な劇場秘書の地位からそそくさと身を引いていた。台本作者であり委嘱をそもそも取りもったこのクーペルヴィーザーとともに、シューベルトのオペラもプログラムから消え去ったというわけである。

当時の慣わしに従って、《フィエラブラス》の委嘱に際しては契約書が交わされたわけではないから、法的な賠償請求もできなかった。しかし、口約束だったにもかかわらず、ウィーンの雑誌にいくつも記録がたどれるほどに委嘱は確実なものであって、シューベルトの大オペラが最終的に水泡に帰したことも、それらの雑誌で遺憾の辞とともに告知された。うずまく陰謀や支援の突然の打ち切りによって似たような災難をこうむった作曲家は、ほかにもあまたいたのである。そして、この出来事に対してみずから示したいくつもの反応からわかるように、シューベルトは大いに失望したものの、多大なる現実感覚と合理主義《プラグマティズム》・実際主義をもってこれを認識したのであった。

結局のところ、ウィーンのオペラ業界という測りがたき怪物には、芸術支援と友人たちの交際による保護傘でさえ歯が立たないのだ。もうかなり軌道に乗っていた《フィエラブラス》プロジェクトの座礁ほど、このことをよく示す事実はない。

こうしてシューベルトのオペラ計画は明らかな終わりにいたったのだが、この状況に対するシューベルトの冷静な洞察を示す手紙がある。また後にも触れることになるが、《フィエラブラス》台本作者の弟であり当時ローマにいた友人の画家レオポルト・クーペルヴィーザーに宛てて、一八二四年三月末に書かれた手紙がそれだ。

君の兄さんのオペラは（劇場を離れたのがあまり良くなかった）使い物にならないと宣告されたので、僕の音楽も採用されないことになってしまいました。カステッリのオペラ《共謀者たち》はベルリンで、当地の作曲家が曲をつけたものが上演されて喝采を受けました。こうして僕はまたオペラを二つ、無駄に作曲したことになります。（Dok., 235／一三四頁）

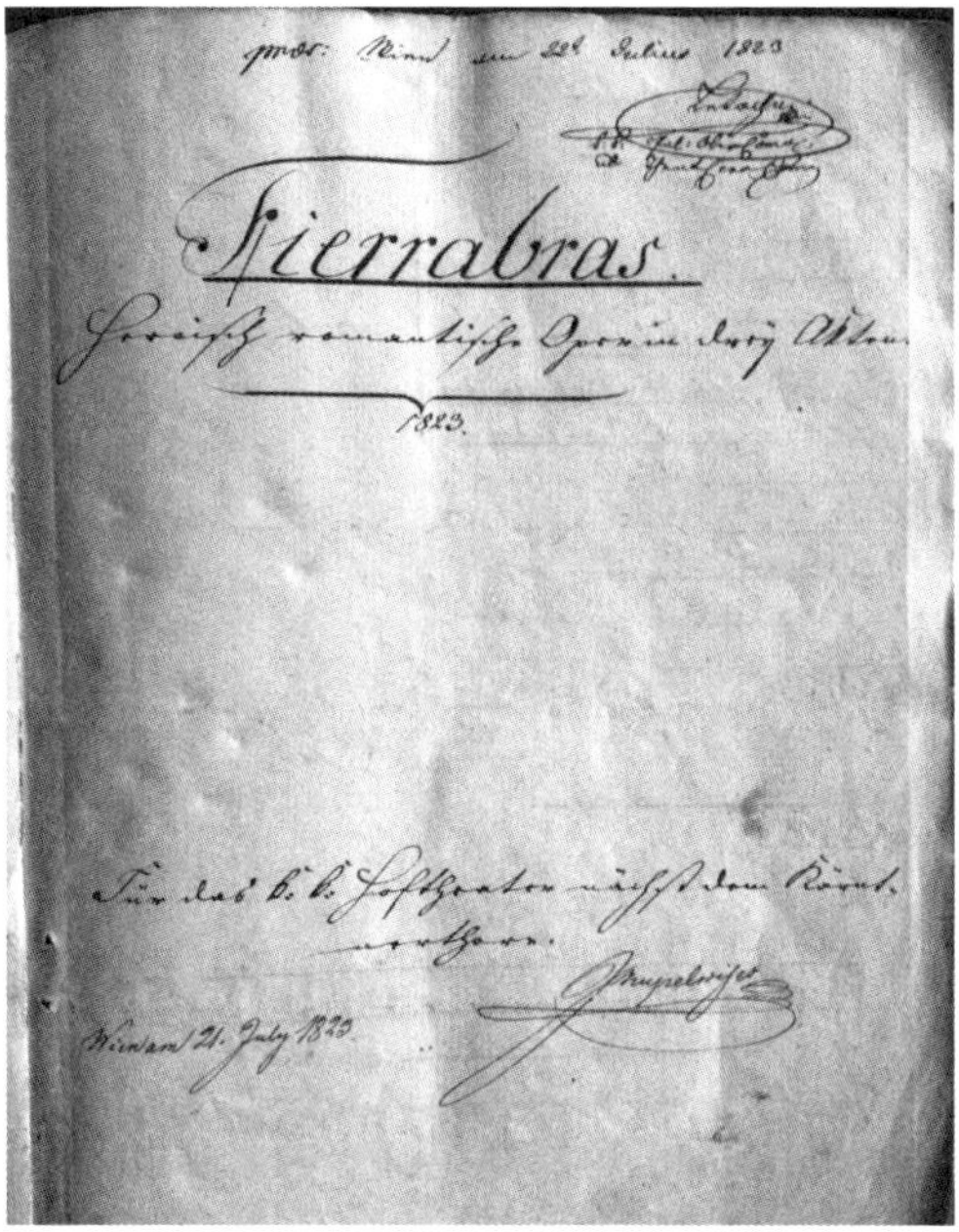


ヨーゼフ・クーペルヴィーザー作、オペラ《フィエラブラス》台本（決定版）の表紙。ケルントナートーア劇場が雇ったコピストの筆による。「フィエラブラス／英雄的ロマン的オペラ、全3幕」。最下段には日付（1823年7月22日）に続いてクーペルヴィーザーのサイン。最上段には翌日の日付とともに検閲局の許可サインがある（訳者撮影、ウィーン市庁舎図書館・草稿部門Ja.171942）

オペラへの取り組みは大きな区切りを迎えたが、それでもシューベルトは数年後、このジャンルに最後の挑戦をする。ひとえに、不成功に長いこと甘んじている現状を打ち破りたかったのである。音楽劇への関心はいつも中心にあったが、一八二四年以降、それはめぐまれぬ、そしてあとで論じるように結局は満たされることのない憧れとなった。

このことを示すのが、最後の歳月（一八二二七年六月）に着手されたオペラのプロジェクト《グライヒエン伯爵》D九一八である。台本は一八二六年なかば、後に喜劇詩人として名をなした友人エドゥアルト・バウエルンフェルトから、わざわざ受け取っている。本作は断片のままに終わったものの、多くの草稿が残され、残された総譜《パルティチェッラ》〔七一頁参照〕は最終曲まで進んでいる。そもそも現実に上演するチャンスがあったのかどうかもわからないが、一八二六年一〇月に台本が検閲をパスできなかったところをみると、それは疑わしい。エジプトに捕われていた十字軍兵士が、現地の恋人を同伴して妻子のもとへ戻るという物語だが、このハッピーエンドは重婚讃美と受け取られかねなかった。

長い中断を挟みはしたものの、なぜシューベルトとバウエルンフェルトがこの計画にこだわったのか、単純に言うことはできない。いずれにせよシューベルトの短い人生のなかで、人間関係のネットワークを頼りにウィーンのオペラ界と有望な結びつきを築くことのできた唯一の時期は一八一九～二四年に集中しており、その時期は、突然にしかもはっきりと終わりを迎えたのだった。

実際のところ、シューベルトの作品カタログにはこの状況がくっきりと反映されている。たびたび話題にされてきた「クリーゼの時期」とはまずもって、舞台での持続的な成功を勝ち取ろうとした年月なのである。一八一九～二三年の全作品を眺めてみてはっきりわかるのは、器楽ジャンルでの創作がはなはだしく落ち込み、いわゆる作曲上のクリーゼが兆候を見せているいっぽうで、音楽劇では目をみはる成功をいくつも収めている事実である。

この成功が一八二四年初頭に突然終わりを迎えたとき、この両極がくるりと反転し、ふたたび器楽へと向かったのは決して偶然ではない。いまや器楽において、大規模な作品群への突破《ブレイクスルー》が達成されるのであり、それこそがシューベルトの名声を永続的に基礎づけることになるのである。

第五章

# 公のための作曲

*Komponieren für die Öffentlichkeit*

一八二四年の春は、二七歳のシューベルトにどん底を見せたようだ。総合病院への入院（おそらく一八二三年秋）からはだいぶ経っていたにせよ、水銀療法によって体は目に見えて衰え、髪も抜け落ちてしまったために一時はかつらを被らなくてはならなかった。水銀療法というのは化学療法のある種の先がけであって、当時は梅毒の感染症を治療するために行われていたが、たいへんな苦痛を強いるものだった。加えて、フランツ・フォン・ショーバーやレオポルト・クーペルヴィーザーといった中心メンバーの長期にわたる外国滞在（それぞれブレスラウとローマ）によって、友人サークル、とりわけ「読書会」が精神的に薄っぺらいものとなり、分裂してしまうかに思われた。この危機はショーバーの帰国（一八二五年秋）をもってやっと持ち直すことになる。

いっぽうこの時期には、芸術をこころざす野心的な若い友人たちと知り合い、交流を深めた。とくに、モーリッツ・フォン・シュヴィント（一八〇四〜七一）、フランツ・ラハナー（一八〇三〜九〇）、エドゥアルト・バウエルンフェルト（一八〇二〜九〇）といった顔ぶれである。さらには、すでに触れたように、ケルントナートーア劇場でのオペラ・プロジェクトの挫折に対して苦々しい洞察もなされている。

「シニョール・レオポルド・クーペルヴィーザー／ドイツ人画家《ピットーレ・テデスコ》／ローマの／カフェ・グレコの常連に」宛てて書かれた三月三一日の手紙は、シューベルトの筆になるドキュメントのうちで最も多くを教えてくれるもののひとつである。そこには、この月の気分がずっしり、まざまざと綴られている。

> ひとことで言うと、僕は自分が世界でもっとも不幸でみじめな人間だと感じているのです。健康がもう二度と回復しようとせず、そのことに絶望するあまり、物事をいつも良いほうではなく悪いほうにとってしまう人間のことを考えてみてください。あるいはそう、愛と友情の幸福がいまやこの上ない苦痛でしかなく、美への（少なくとも鼓舞してくれる）熱狂までも消え去ろうとしている人間のことを。君に訊きたいのだけど、それはみじめで不幸な人間でしょう？（Dok., 234／一三三頁）

当時シューベルトは退院した直後で、市内部《インネレシュタット》シュトゥーベン陵堡《バスタイ》にある友人ヨーゼフ・フーバーの家に住んでいた。注目されるのは、引用した一節が、まだ回復も見込めないこの春のスナップショットであるという事実だ。同年夏には、ふたたび（一八一八年の夏秋と同じく）エステルハージ伯爵家の娘の音楽教師を務めあげ、ともかく飛躍の最初の兆候を見せている。この二回目となるハンガリー滞在の折に、インスピレーションの源として「ロマ音楽（Zigeunermusik）」（Erinn., 78／七八頁）に関心を示した点が特筆される。たとえば当地で作曲された四手用の《ハンガリー風のディヴェルティメント》D八一八に、この関心を直接聴き取ることができよう。

いずれにせよ、クーペルヴィーザーに宛てた一八二四年三月三一日の手紙は、いっときの落胆と抑鬱を伝えるにとどまるものでは到底ない。それに打ち克つためのエネルギーと合理主義・実際主義《プラグマティズム》、そして成功を秘めた戦略もここには示されているのであり、それをもって初めて、状況を完全に見通すことができる。同じ手紙の続く一節（その前半は前章で引用した）は、シューベルトがキャリア全体でおそらくいちばん重要な地点にいたことをも教えてくれる。

君の兄さんのオペラは（劇場を離れたのがあまり良くなかった）使い物にならないと宣告されたので、僕の音楽も採用されないことになってしまいました。カステッリのオペラ《共謀者たち》はベルリンで、当地の作曲家が曲をつけたものが上演されて喝采を受けました。こうして僕はまたオペラを二つ、無駄に作曲したことになります。歌曲では新しいものをほとんど作りませんでしたが、いっぽうではいくつもの器楽を手がけました。ヴァイオリン、ヴィオラ、チェロのための四重奏曲を二つと八重奏曲を一つ作曲しましたし、四重奏曲をもう一つ書くつもりです。ともかくこうやって、大交響曲への道を拓こうとしているのです。――ウィーンの最新ニュースは、ベートーヴェンがコンサートを開いて、新しい交響曲と、新しいミサから三曲、それに新しい序曲を演奏することです。――叶うなら、僕も来年に同じようなコンサートを開きたいと思っています。（Dok., 235／一三四―一三五頁）

目を引くことだが、多くの情報をコンパクトに盛り込んだこの一節を読むと、互いに関連するいくつもの考察が浮かび上がってくる。

第一に、オペラ《フィエラブラス》の上演可能性が立ち消えたいま、シューベルトみずからが、オペラから、そして歌曲からも撤退して「器楽」に路線を切り替える旨をはっきりと、しかも意識的な計画をもって断言している。第二に、その「器楽」――一八二四年初頭の大規模な室内楽群のことだ――は「大交響曲への道」を拓くものだと言っている。第三に、ベートーヴェンの自作品コンサートに言及している。二ヵ月後、一八二四年五月に実現するこのコンサートでは、第九交響曲と、《ミサ・ソレムニス》の一部が初演された。第四にシューベルトは、近いうちに似たようなコンサートを（つまり自己負担かつ自作品によってということだが）催したいと書いている。そしてこの計画は、交響曲のコンサートではなかったにせよ、数年あとの一八二八年三月になって実現した。

　決定的なことに、この手紙にはジャンルという問題へのシューベルトの新たな取り組みがにじみ出ている。ジャンル的な枠組で理解される「大交響曲」とは、たんに美学的な慣習であるのみならず、社会学的なカテゴリーで記述すべき――すなわち公共的な――慣習でもある。オペラの舞台への扉は閉ざされてしまった。大勢の公衆にいたるもう一つの道、モーツァルトとベートーヴェンが首尾よく歩んだ、ソリストを兼ねて作曲家が活躍するピアノ協奏曲という道は、経験豊かではあるもののヴィルトゥオーソではないシューベルトには、まったく開かれていなかった。

　こう考えると、じつに驚くべきことではあるのだが、一八二四年に室内楽の創作によって「大交響曲」の聴衆へと徐々に自分を導いてくれるはずの道に歩み入る、という理路が、当然のごとくあらわれてくる。「大交響曲」の聴衆とは、自分の作った作品のそもそもの受け手として、金を払ってコンサートに集う客のことである。これは、室内楽作曲家《カンマームジカー》と交響曲作曲家《シンフォニカー》どちらのシューベルトにとっても新路線であり、ラディカルな社会学的パラダイム転換であった。それが何によって可能となったのかは、すぐあとで詳しく論じることにしよう。ベートーヴェンに対する批判的な自省の歳月を経た今、すぐれて自覚的となった明晰なまなざしが、クーペルヴィーザーへの手紙にはっきり表明されているのも、決して偶然ではない。

　ベートーヴェンへのまなざしがあってこそ、ハイレベルな室内楽を経由して「大交響曲」の開拓に照準を合わせるという正確な計算が成り立つのだ。この新たな自己意識の一助として、オペラをめぐる長期にわたる労苦の成果と、オペラを見に来るたくさんの聴衆の存在を考えるのも、おそらく間違いではない。そう考えてみて初めて、オペラでの挫折をただちに創造力へと転換しえた戦略的合理主義者の何たるかが理解されるからである。

友人や家族だけに向けて書いてきたそれまでのあらゆる室内楽作品とは異なり、あるいは神学校とハトヴィヒのアマチュア・オーケストラのために作られた序曲や若書きの交響曲とも違って、一八二四年春の諸作は、クーペルヴィーザー宛の手紙にはっきり表明されているように、いまや新たに設定された水準において公衆へと向けられている。究極的には、まさにこの点にこそ、長き「大交響曲への道」がある。

## 室内楽と交響曲

一八二三年春、アンドレアス・ラズモフスキー侯爵の四重奏団でかつて第一ヴァイオリニストを務めたイグナーツ・シュパンツィヒ（一七七六〜一八三〇）が、長い外国滞在からウィーンに戻り、早くも同年の夏には、自分のトレードマークとなる新たな構想にとりかかっていた。室内楽の予約演奏会シリーズである。これによって、それまではサロンに限られていた弦楽四重奏曲のジャンルが、ウィーンでも、公的な音楽業界の市場へと開かれ始めたのである。

帰還したシュパンツィヒがそうやって公衆に向けて大胆に歩み出したことが、後期ベートーヴェンによる五つの弦楽四重奏曲の決定的なモチベーションになったことはよく知られるが、同じことがシューベルトにも言えるだろう。これをもって、二人の作曲家の活動範囲は初めて触れ合うことになる。というのもこの時からシューベルトの名前がベートーヴェンの会話帳に、ごく散発的にではあれ見られるようになるからだ。

クーペルヴィーザー宛の手紙で言及された弦楽四重奏曲のうち最初の作品が、イ短調のD八〇四である。

この作品は一八二四年三月一四日に、シュパンツィヒによる一八二三／二四年シーズンの最後のコンサートで、ベートーヴェンの七重奏曲 作品二〇とともにウィーン楽友協会ホール「赤針鼠館」にて公に上演されたあと、同年の夏にシュパンツィヒへの献辞と作品二九という作品番号を伴って出版された。これはシューベルトにとって最初となる室内楽の出版であった。ほかの室内楽も同様である。とりわけ、同じくクーペルヴィーザーへの手紙で言及された八重奏曲D八〇三は、私的あるいはなかば公的な機会ではあったが、シュパンツィヒによって一八二七年四月のコンサート・シリーズにとりあげられた。

要するに、長らく休んでいた弦楽四重奏曲の作曲にまったく新たな水準でふたたび挑み始めた事実は、すぐれて合理的《プラグマティック》・実際的に説明できるし、また徹底して現実的な判断に基づいていた。両親宅での室内楽アンサンブルのために書いた初期作品から、この時期にシューベルトはきっぱりと距離をとるようになる。一八二四年七月に兄フェルディナントに宛てた手紙にはこう書かれている。

僕の曲ではなくて、なにか別の弦楽四重奏曲をやればいいのに。僕の書いたものならなんでも気に入ってくれる兄さんにはお気に入りかもしれないけど、僕のはぜんぜん大したものじゃないのだから。

(Dok., 250／一三八頁)

家庭での四重奏の催しに弟のかつての作品をとりあげたい、という兄の報せへの返答である。

金を支払って聴きに来る公衆への道は、こうして目をみはるスタートを切ったものの、しかし揺り戻しがないわけでもなかった。シュパンツィヒ四重奏団のメンバーが自作を公開演奏してくれる機会は、決して立て続けに訪れたわけではないからだ（一八二七年の八重奏曲D八〇三とピアノ・トリオD八九八に続いて、一八二八年にはピアノ・トリオD九二九および弦楽四重奏曲のひとつ、おそらくD八八七が演奏された）。さらに、信憑性の疑わしい回想によれば、ニ短調のD八一〇をシュパンツィヒはなんと拒絶したらしい。

だがいずれにせよ、人気上々の夏季アウガルテン・コンサートをも率いていたシュパンツィヒは、シューベルトの室内楽の大事な宣伝役だった。公衆の評判も増していったこの最初の演奏会シリーズが突然とだえてしまったのは、ひとえに、シューベルトに続くシュパンツィヒの早世（一八三〇）という不幸な出来事のゆえである。

シューベルト最後の弦楽四重奏曲群は断固としてコンサートホールのための音楽であり、家庭の仲間内での演奏というコンテクストから、技術的にも美学的にも完全に解放されている。八重奏曲D八〇三だけは、ディヴェルティメントとセレナーデの伝統に従った六楽章からなり、ハイレベルな社交音楽の領域になかば属している。だがこの八重奏曲も（ほぼ間違いなくモデルとなったベートーヴェンの名高い七重奏曲 作品二〇と同じく）、シュパンツィヒの予約演奏会にも問題なくとりあげられたほどであり、テクニック的には高い水準にある。

加えてこの八重奏曲は、シューベルトに固有のある特徴をそなえている。変奏曲の主題に自作の声楽曲を用いるやり方である。これは《ます五重奏曲》や《さすらい人幻想曲》といった大規模なチクルスですでに実験された手法であり、その後の室内楽作品でもさらに追求されることとなる。《ます五重奏曲》と《さすらい人幻想曲》の場合、その声楽曲とは自作の歌曲であったが（どちらもその歌曲によって、ポピュラーではあるが本人には由来しない曲名を冠されている）、八重奏曲のもととなった声楽曲とは、シューベルトの生前には

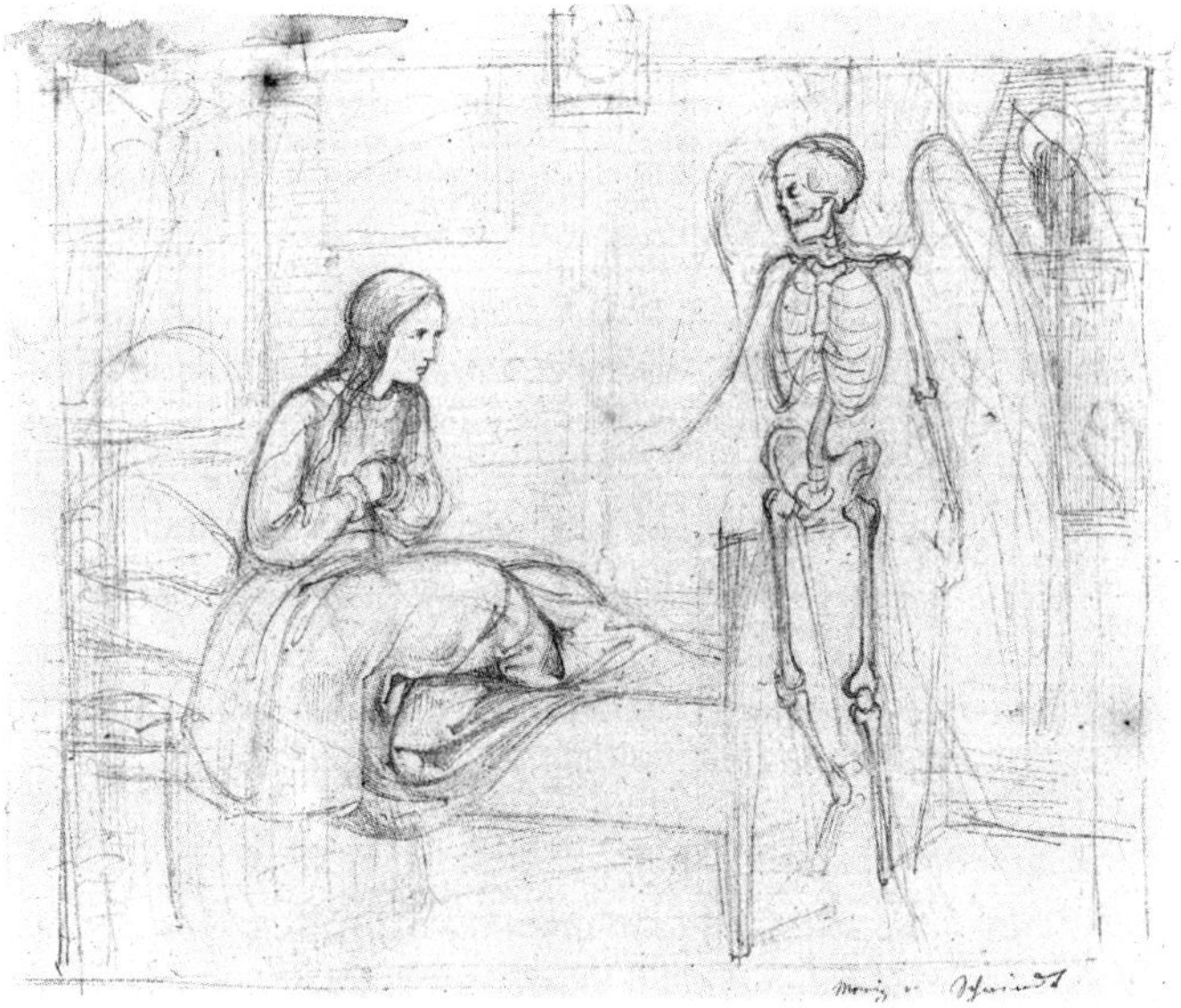

『死と乙女』。1823/24年頃、モーリッツ・フォン・シュヴィント（1804〜1871）作。当時シューベルトの歌曲には、初版譜の表紙を含めて多くの絵が添えられて受容の助けとなった。その多くは、後に著名となった友人や知人の筆による（堀『〈フランツ・シューベルト〉の誕生』、69頁参照）

上演されなかったジングシュピール《ザラマンカの友人たち》D三二六の声楽アンサンブルである。

ここに、シューベルトの戦略が見てとれる。お蔵入りしたオペラから貴重な素材をとりだして別のジャンルで活用する戦略であり、続く二つの弦楽四重奏曲〔D八〇四とD八一〇〕や《冬の旅》、さらにはピアノ小品からなる後年のチクルスD九三五とD九四六でもこのやり方が見られる。

イ短調の四重奏曲D八〇四では緩徐楽章に、ただちに座礁したわけではないにせよ二回しか上演されなかった《ロザムンデ》のバレエ音楽が部分的に使われ、ニ短調の四重奏曲D八一〇では冒頭楽章のコーダに、《フィエラブラス》から、きわだった和声を示す一節が引用されている〔後述〕。これに加えてどちらの作品でも、《ます五重奏曲》と《さすらい人幻想曲》の路線の延長で自作の歌曲が融合されている。イ短調のほうではシラー歌曲《ギリシャの神々》D六七七（一八一九年一一月）の冒頭がメヌエットの開始部分に用いられ、ニ短調のほうでは、誰もが知るクラウディウス歌曲《死と乙女》D五三一（一八一七年二月）が変奏曲楽章の主題として使われている。

こんなふうに自作歌曲を編曲することで器楽に融合するやり方は、以下のような、シューベルトに固有のさらなる特徴を指し示していよう。

一八二四年春の室内楽には自作の声楽曲がかくも集中的に再利用されているわけだが、おそらくこの事実と関連して、まさに公共的な分野へと周到に踏み出すにあたって、仲間内での親密でとりとめのない会話調が新たな室内楽のうちにほのかな痕跡を残している。というのも、（まったく出版されていないものも含めた）歌曲のみならず、未出版にとどまる舞台作品からの借用などは、そもそも識者の閉鎖的サークルにしかわかるはずがないからだ。

そうした内輪の声楽作品をもとに作品を読み解く可能性が作曲家その人によって見込まれていたのかどうか、それはたしかに疑わしい。だが、少なくともニ短調の弦楽四重奏曲にかんして言えば、これら複数の素材は実際に手を携えつつ、ひとつの首尾一貫した意味の世界を作り上げている。どういうことだろうか。

死がおそらく、この暗く謎めいた作品の「主題」をなすものであり、その主題はじつに強迫的に扱われている。引用元であるクラウディウス歌曲を知る者なら、緩徐楽章の変奏主題に用いられているのが第二詩節のみであることに気づくであろう。詩のなかでこの第二詩節は、おののく少女を救済としての死に親しませようとする箇所にほかならない——「手を出すのです、美しくしなやかな姿よ！／私は友だち、罰しに来たのではありません。／元気を出して！　乱暴はしません。／この腕で、静かに眠りなさい」。

歌曲では残りの部分でも主調のニ短調が支配している点に目を引かれるのだが、いっぽうで変奏主題は下属調のト短調をとる。変奏曲には使われなかった第一詩節の狂乱的パニック（「あっちへ行って！　ああ、あっちへ！／骸骨の姿をした野蛮な死神よ！／私はまだ若いの、だから消えて、なつかしいあなたよ！／触らないで」）は、原調のニ短調もろとも、ほかの三つの楽章に移されているのである。さらには、冒頭楽章のコーダに聴かれる特異な和声をもった――そしてやはりニ短調をとる――カデンツ定型は、《フィエラブラス》第三幕「青ざめた夜の姿が私をつかみます」（エンマの言葉。第一九番〔第三幕第二場〕の第六七～七〇小節）の引用である〔譜例３〕。この特異な定型をシューベルトはきわだつたものと認め、

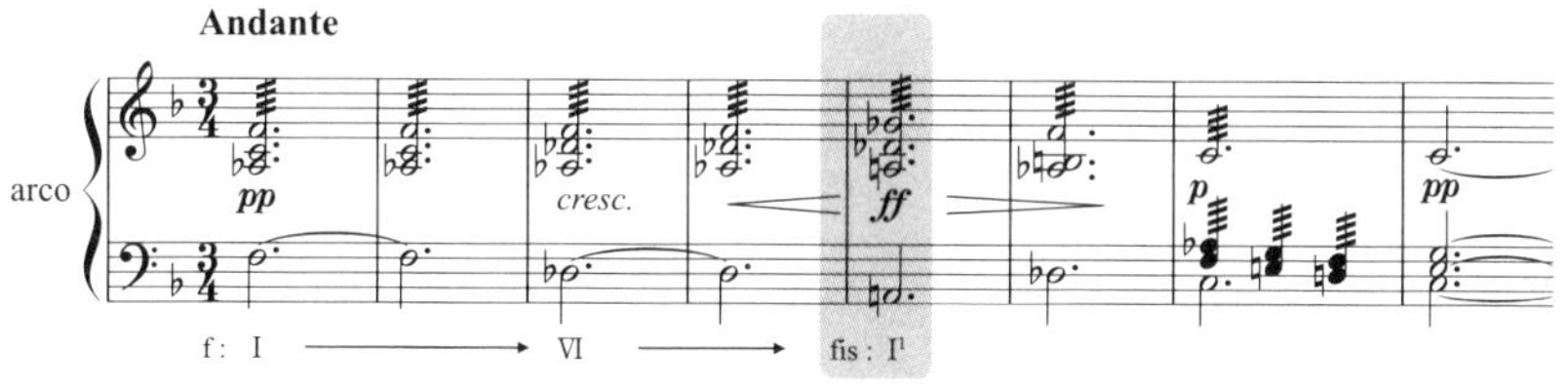


譜例3a　《フィエラブラス》D 796 序曲冒頭

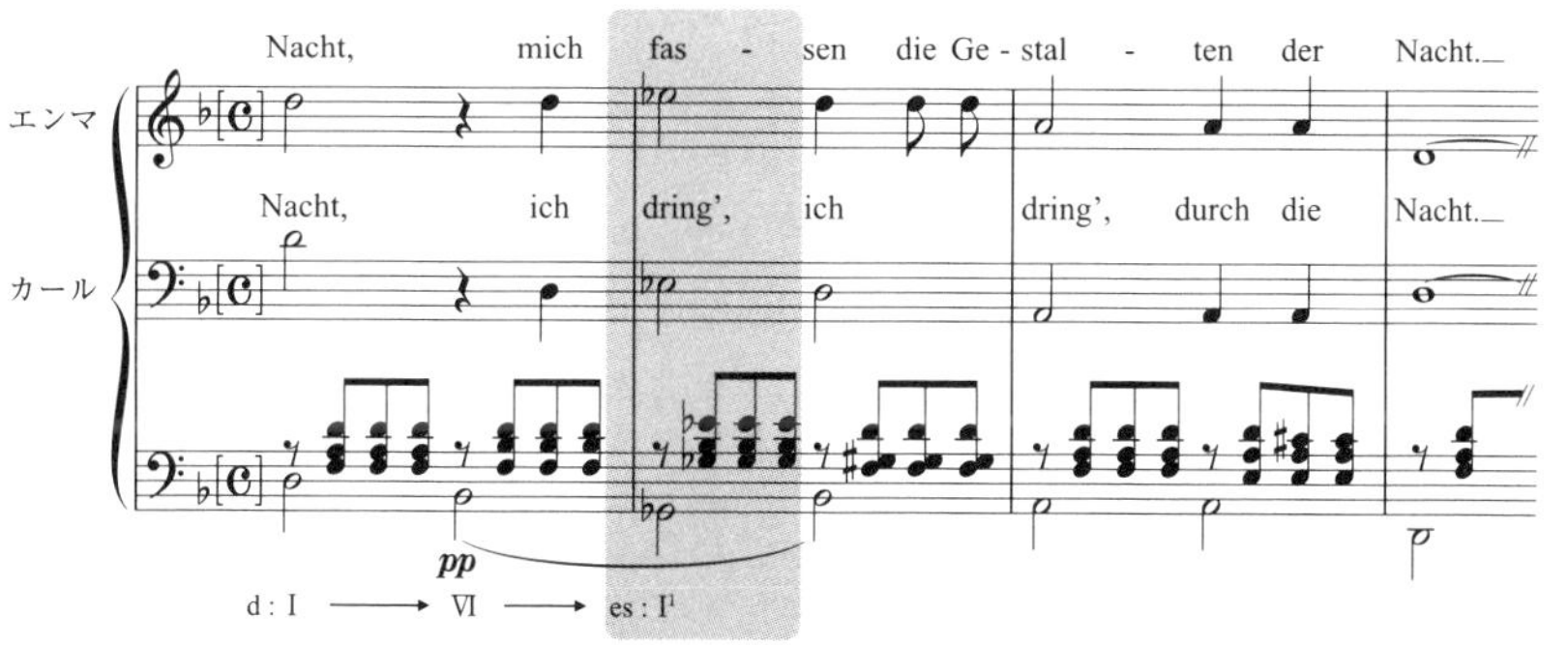


譜例3b　《フィエラブラス》D 796 第19番（第3幕第2場）、第67～70小節。エンマが父カール王の裁きを受ける場面。「夜の姿が私をつかむ……」と歌う彼女は、自分の犯した罪と罰に押しつぶされる。ニ短調の主和音から変ホ短調の主和音（第1転回形）へと瞬時に移る和声は、序曲の冒頭に響いたものと同一であり、「夜のライトモティーフ」と呼ぶことができる

オペラの序曲をも同じ和声定型で開始している〔オペラ《フィエラブラス》においてこの和声定型は、第一幕フィナーレのクライマックス（第六曲冒頭）でも出現することで一つのライトモティーフさえなしており、《即興曲》D八九九−二などでもコーダに出現して大きな存在感を示す。にわかに短二度上へとずらされるこの定型は、シューベルトの同時代人の耳をも強く刺激するものだった。詳しくは堀『〈フランツ・シューベルト〉の誕生』第二章参照〕。

要するに四楽章すべてが短調をとるこの四重奏曲は、全体として異例なほど険しい作品であり、ぞっとするタランテラを終楽章に配置するやり方も、シューベルト全作品にあって先例がない。このモデルは後にト長調の弦楽四重奏曲D八八七やハ短調のピアノ・ソナタD九五八でも繰り返されるが、このニ短調四重奏曲は、まったく特別な手法で、追い迫る不気味な（unheimlich）死の舞踏の印象を喚起する。作品の（どのみち出どころの知れない）タイトルをまったく知らなくとも、緩徐楽章でわずかな光がさしこむだけの、その妥協なき陰鬱さのうちには、あるいは慰めを拒むその冷酷さからは、人間の限界という大問題に取り組んでいるさまが感じられる。それは、緩徐楽章でとりあげられた元の歌曲のメッセージを打ち消さんばかりに冷酷であり、今日の聴き手をも心の底から震撼させるほどだ。まさにこの点に、後の人々がシューベルトのラディカルな現代性のしるしを認めたのも、驚くにはあたらない。

ひとたび敷かれたこの軌道を、後年の多くの作品はたどる。この道を、全体の構成にわたって最も徹底的にたどったのは連作歌曲集《冬の旅》であっただろう。底なしに不気味な音調は、それ以来シューベルトの音楽から完全に消え去るということは決してなかったと言ってよかろう。比類なく輝かしいハ長調の諸作品にさえ、言葉では記述しがたい憂愁が注ぎこまれているのである。

クーペルヴィーザーの手紙で予告された三つ目の弦楽四重奏曲にあたるト長調のD八八七には、長調を異化する〔なじみのあるものを未知の異様なものに見せる〕というシューベルトに特有の性質が印象深くあらわれている。手紙での予告からようやく二年後、一八二六年初夏に成立したこの作品は、冒頭から長調と短調のあいだを揺れ動き、しかもこれを徹底して作品の中心的な主題にまで高める。

幕を開けるのは、この純粋に和声的な出来事にほかならない。ト長調の三和音は*p*の領域から*ff*まで高まると、そこでぶっきらぼうに同主短調の和音へと急変する。主題の役割を果たすのは、それまで常であった旋律法ではなく和声法なのだ〔譜例4〕。

再現部の開始では短調と長調の関係が正確に反転し、コーダではこれがふたたび逆転を見せることで冒頭の状態が回復される。

終楽章は、不気味なタランテラの楽章モデルによる二番目の作例である。ここでは長調と短調のゆらめきがロンドのリフレイン主題としてふたたび登場するのだが、このゆらめきによって出来事は、ついに長調が炸裂する直前まで宙吊りのままにされている。そのゆらめく光のうちに、短調ヴァリアントの陰影は、思惑深げに待ち伏せるかのごとくその存在をちらつかせ続けるのである。

たいへん異例なことに、長大な二つの中間楽章はどちらも短調で書かれており、互いに対照的な性格をなす。緩徐楽章（ホ短調）

譜例4　弦楽四重奏曲D 887 第1楽章。冒頭に聴かれる印象的な和音の交替（長調⇔短調）は、全曲を貫くモティーフである。こうした新しい原理で書かれた本作は、「変奏」によって編まれている点でも、後期シューベルトの音楽作りの鍵を握る作品として注目されてきた

の深遠なメランコリーと、スケルツォ（ロ短調）のほの暗い魔力は、両端楽章のト長調をほとんど忘れさせるほどだが、スケルツォのトリオは暗闇に光るほのかな灯《あか》りのようだ。ことに、それがシューベルトによる名高き「転調の奇跡」から発しているだけになおさらである——スケルツォ（ロ短調）の最終音であるロ音からトリオ（ト長調）主和音の第三音への読み換えは、軽やかながらも圧倒的な効果を誇る〔譜例5〕。

シューベルトにあってはいくつも見られることだが、レントラーという民衆音楽のモデルが独創的に様式化されることで、この小さなト長調のトリオは芸術音楽の領域に高められている。巨大な規模をもつ作品のうちでトリオが果たす全体的な機能も、これに寄与する。というのも、憧れに満ちた内面性の世界にあって、長調の浮島のごとき光に満ちたこのささやかなトリオこそ、作品の主調であるト長調を、長い時を経たあとに初めて思い出させてくれるからだ。

様式化されたレントラーがこうして緻密に構成されることで、えも言われぬほど心を打つ憂愁が宿るのだが、この実例は次のことをも教えてくれる。シューベルトの音楽に聴かれる「美しい箇所」は、それ自体だけでなく広く全体の構造を理解して初めて、表現の可能性を開いてくれる、ということを。長調と短調の息詰まるような関係が、これほどの深みと一貫性をもって作曲による言述《ディスクルス》の主題となったことは、かつてない。こうした特性は遅くともこの時期以降、シューベルトの個人様式の核心に位置するようになったのだが、ただし、この特性はすでに何年にもわたって聴きまごうことなく萌《きざ》していたことも、見逃してはなるまい。

コンサートを最大限に想定したこの種の大規模作品とならんで、シューベルトの作品目録には別タイプの楽曲もある。ただしこの別タイプにあっても、プロフェッショナルによるコンサート上演が一貫して念頭に置かれていた。抜群の演奏効果をそなえたこれらの作品群は、しごく当然のことだが、ヴィルトゥオーゾのレパートリーに裾野を開いた《さすらい人幻想曲》の路線を引き継いでいる。自作歌曲のふしを輝かしく変奏し、演奏技術の可能性を限界まで汲み尽くすやり方である。

このタイプの楽曲は、どれも自分ではなく特定の演奏者を想定して書かれた。多くの楽器を意のままにしたシューベルトも、決してヴィルトゥオーゾではなかったからだ。たとえば、フルートとピアノのための変奏曲 ホ短調D八〇二は、知己のあったフルートの名手で音楽学校〔一八一七年に楽友協会が設立〕の教授でもあったフェルディナント・ボーグナーのため、一八二四年初頭に書かれた。

《美しき水車小屋の娘》は、シューベルト歌曲のなかでも最も心のこもった作品だ。出版されたばかりのこの連作歌曲集に出てくる痛ましい〈萎れる花〉がこの変奏曲の基礎になっている事実は、ひと昔前の文献で大いに顰蹙《ひんしゅく》を買ってきたが、それは不当な憤慨というものだ。最後に輝かしい勝利の行進曲へと流れ込むこの一連の変奏によってシューベルトは、断じて元の歌曲を外面的に扱ったのではなく、この変奏法を、自分の音楽を違った編成でさらに解釈し深めるための正当な手法とさえ感じていただろうからである。

譜例5　弦楽四重奏曲D 887 第3楽章。主部（ロ短調）からトリオ（ト長調）への橋渡しは、ロ音の保続による「転調の奇跡」によってなされる。その後チェロが、忘れられていた流麗な歌を聴かせる。レントラーという舞曲は、シューベルトにあってしばしば——同じくト長調のピアノ・ソナタD 894などで——田園的な束の間の癒しとして大きな効果をあげる

ヴィルトゥオーゾだった友人ヨーゼフ・スラヴィクとカール・マリア・フォン・ボックレットのために一八二七年一二月に書かれ、彼らによって一八二八年一月にラントハウス・ホールで公式に上演されたヴァイオリンとピアノのための幻想曲 ハ長調Ｄ九三四についても同じことが言える。その緩徐楽章では、熱狂的な美しさをもつリュッケルト歌曲《わが挨拶を》Ｄ七四一が使われており、歌曲が本来もっていた深く親密な性格が、コンサート舞台での効果満点の技巧性にまで高められている。

クーペルヴィーザー宛の手紙で披露された構想がそもそも目指していたジャンルに、シューベルトはとうとうハ長調の交響曲Ｄ九四四によって到達する。この作品が長らく「大」交響曲と呼びならわされてきたのは、手紙に読まれるシューベルト自身の表明に基づいてではなく、一八一八年に同じくハ長調で書かれた小さな姉妹作と、たんに区別をつけるためである。

Ｄ九四四は、出来ばえの良い六つの初期交響曲のあとで初めて（そして唯一）完成された交響曲であり、後年の上演の際には番号づけをめぐって奇妙な混乱が生じた。最初に、グムンデン・ガスタイン（リンツとザルツブルクの中間に位置する明媚な湖水地帯）で交響曲が一つ書かれたと想定された。この交響曲は友人たちの手紙や回想でのみ伝えられていて消息がまったく摑めてはいないのだが、オットー・エーリヒ・ドイッチュの作品目録ではＤ八四九という番号が与えられている。噂でのみ存在するこの交響曲と、完全に有効な作品としてコンサート・プログラムに組み込まれていった《未完成交響曲》が、初期六作品と《大ハ長調交響曲》のあいだに挟まれたことで、二〇世紀になるとやがて《大ハ長調》には「九」の番号が与えられる。こうして、ベートーヴェン、ブルックナー、マーラーとならんでシューベルトにおいても、交響曲最後の作品たる「第九」が喜ばしく迎えられたのである。

ところが、『旧シューベルト全集』が《大ハ長調》に与えた番号は「七」であり、《未完成》は「八」であった。断片の状態にある作品は完全な作品のあとにならべられたためである。その後、《グムンデン・ガスタイン交響曲》が幻とみなされ、さらなる研究によって完全に除外されるにいたったため、今日の『新シューベルト全集』では事態はまったく逆になった。成立年の順に厳密に従って、《未完成》には第七、《大ハ長調》には第八の番号が冠せられたのである。

だがいずれにせよ、シューベルトの交響曲作品にはまったく存在しない連続性を装っているという点では、いかなる番号づけであっても変わりがない。

友人たちの手紙で一八二五年夏に生まれたと信じられた《グムンデン・ガスタイン交響曲》は、《大ハ長調交響曲》そのものであると考えて良いだろう。混乱が生じたのは、《大ハ長調》自筆譜の冒頭に記された日付が、少なくとも見た目には「一八二八年三月」と読めるからである。他方、紙と筆跡の研究が進んだことで、遅くとも一八二五年夏――まさに《グムンデン・ガスタイン交響曲》の創作が証言されている時期だ――には作曲が開始されていたことが明らかになった。

そういうわけだから、自筆譜の冒頭に斜め書きされた日付の謎がすっきり解決したというわけではない。この自筆譜は、こともあろうに上方が切り取られた一冊の本に綴じられているため、日付の部分も完全には読むことができないのだから、なおさらである。あるいはもしかすると「一八二八」という年数は（そう読めるかどうかにも疑いは残るわけだが）、もともと「一八二五」と書き込んだのを最後の修正の段階であとから直したのかもしれない。

いずれにせよこうして見ると、並はずれて長きにわたる作曲と修正の過程だったことがうかがわれる。

ことによるとシューベルトは《大ハ長調交響曲》を、一八二五年春にウィーンで書き始め、夏の大旅行でグムンデンとガスタインに携えていって推敲を加えたのかもしれない。この生涯最大の旅行は、五月に最初の一歩が踏み出され、まずはシュタイアーとリンツにいる旧友の訪問に向けられた。続いて夏の盛りには、歌手のヨハン・ミヒャエル・フォーグルを時おり伴ってグムンデン（六、七月）とガスタイン（八月）に長らく逗留。一〇月にはおそらくシュタイアーとリンツに滞在した後、ウィーンに帰り着いた。

旅行中、ガスタインでニ長調のピアノ・ソナタD八五〇が書かれたことも明らかだが、この時期の主要なプロジェクトはおそらく「大」交響曲であった。これによってシューベルトは、後世の少なからぬ作曲家たちが、ベートーヴェンの大交響曲群と比肩しうる唯一のオルタナティヴだと感じるほどのレベルにまで、みずからの交響曲構想を高めたのであった。友人クーペルヴィーザーに書いていたように一八二四年五月のコンサートで聴いたと思われるベートーヴェンの《第九》体験は、委縮や不安の痕跡を残しはしなかった。むしろこれを受けてシューベルトは、みずからのジャンル・モデルを一貫して追求したのである。

ベートーヴェンの交響曲構想を「劇的」と呼びうるとすれば、《大ハ長調》に見られるようなシューベルトの交響曲構想はむしろ「叙事的」と形容されよう。かつてロベルト・シューマンは恍惚として思わず「天国的な長さ」という感嘆の声を発したが、そんな交響的展《ひろ》がりによってこの交響曲は、音楽によって時間を編成するまったく新たな方法を、ジャンル史のうちに持ち込んだ。そのすべての基礎をなすのが、和声のもつ新しい働き、すなわち形式を作り出してゆく働きにかんする技法であり、この時点にいたるまでにシューベルトはその技法を完璧にマスターしていた。こうして、それまで支配的だった和声の節約・厳格性・目的志向性にかわり、静止・再帰・滞留といった美的特性が構造的にさまざまな脱線を見せつつ前面に出てくる。

作品の導入部が、この新たなものをスローガン的に告げ知らせている。披露されるのはホルンの奏でる単声・無伴奏の旋律線であるが、オーケストラが入るまでは、それがハ長調なのかイ短調なのかはっきりとしない（楽節の終わりにはこの旋律は、圧倒的な効果を伴ってハ長調の讃美《アポテオーゼ》にいたる）。ホルンの呼び声に応え、オーケストラはハ長調を主調として確定させるのだが、しかし同時にさらに広大な和声領域をも画定する。三度調――まずホ短調、次いで変イ長調――による二つのカデンツで隔てられた領域のことだ。そしてこの二つの三度調こそが、続くアレグロ主部が進むなか、提示部の法外な広がりを担うこととなる。

まず副次楽節は、ホ短調への驚くべきずらしをもって始まり、長い道のりを経てようやく正規のト長調に落ち着く。するとこの提示部の結尾をなすト長調部分のうちに、トロンボーンによる旋律の入りとともに変イ短調がついに格納される。これは、一連の広大な転調の最深点をなす調だ。つまり、導入部からなじみのホ音・変イ音という二頂点が、伝統的に形式を形作ってきたハ音・ト音という骨組みと交差するのだ。

シューベルトのトレードマークをなす数々の音楽語法は徐々に完璧なものに仕上げられていったわけだが、こうして、そのひとつであるいわゆる三調提示部（伝統的な二つではなく三つの調で作られた提示部のこと。一四六頁も参照）が、劇的ではなく叙事的な気分を惹起する交響曲作法の説得的な手段へと作り上げられる。「主調―属調」からなる伝統的な「緊張（Spannung）」が、いうなれば三度調による水平化をこうむることで、構造的に基礎づけられた「弛緩（Ent-spannung）」へと読み換えられているのだ。この種の技法によってすべての楽章が引き延ばされ、途方もない広がりを獲得するのだが、それでいて、いかなる箇所にあっても決して溶解することがない。これ以来、和声と旋律の広大さは、シューベルトの大規模な器楽のほとんどすべてに共通する商標となった。

またシューベルトは行進曲風の第二楽章で、ブルックナー、マーラー、ショスタコーヴィチの交響曲作品へとつながる実り多きモデルを採用した。この楽章は、解決することのない不協和音とそれに続くゲネラル・パウゼによってほとんどカタストロフのごとき絶頂を迎え、大いに心をかき乱すこの休止の後、音楽はやっとのことで当初の旋律による落ち着きを取り戻す。

スケルツォと終楽章の楽章モデルも、ベートーヴェンを継承しつつ、一九世紀後半および二〇世紀のモデルに明らかな痕跡を残している。とくに挑発的なのが、終楽章再現部の入りである。この時期以降のシューベルトにあっては珍しくないことながら、再現部は主調ではなく三度調の変ホ長調で始まる。これによって、互いに離れていこうとする和声と主題の両パラメータを、新たに組み合わせている。いうまでもなく、和声的にきわめて異例なこの措置は、冒頭楽章に見られる戦略的な思考に匹敵するものであり、楽章全体に広がる和声的なネットワークから見ると構造上の正当性がよくわかる。

この新たな交響曲構想を、おもいきって物語や叙事性といった属性を用いて説明しても、たんに比喩的に理解しようとしたにすぎない。音楽的に思考されたものを標題《プログラム》的に解明しようとするのは無理があろう。冒頭楽章の最後で讃美《アポテオーゼ》にまでいたる導入部のホルン主題、不協和音のカタストロフにまで発展する穏徐楽章の行進曲、終楽章の再現部での和声的な逸脱。これらは物語りうる筋書きのごとき効果をもってはいるものの、言葉に翻訳することはできない。つまり、聴きまがいようのないこの叙事的な暗示性のうちにひそむのは、作品の「詩的理念」のようなものである。それによってこそこの作品は、あくまで自律的音楽の枠組みのなかで交響曲の意味を創設する壮大なモデルとして、立ちあらわれてくるのである。

シューベルトは、《大ハ長調》が楽友協会オーケストラで上演されることを望んでいたようだ。積極的なメンバーとして自身もしだいにこの協会にかかわるようになっていたのである。一八二五年に「補欠要員」となったシューベルトは、一八二七年には協会の「代表部局」すなわち経営委員会のメンバーに任命されるまでになっていた。一八二六年に協会からシューベルトに支払われた一〇〇グルデン（ウィーン通貨）を越える金額が、楽友協会アルヒーフ（今日まで自筆譜が所蔵されている）に自筆譜が引き渡されたことと関連しているかどうか、それは明らかでない。また先にも触れたことだが、すでに協会の所有であった自筆譜に、ことによっては一八二八年にいたるまでなお修正をほどこすことができたという事実も、説明しがたいことではある。

この時期にわざわざ作られたパート譜が現存しているところをみると、少なくとも通しリハーサルは念頭に置かれていたのだろう。だが公の演奏機会はついに訪れなかった。その理由はおおかた、美的に異例であって演奏も桁外れに難しいこの作品に、多くはプロフェッショナルでないオーケストラ団員たちが抵抗を示した、ということだったのだろう。

この交響曲が目をみはる勝利を獲得し、ジャンルのさらなる発展に火をつけたのは、作曲家の死後じつに一〇年も経ってからのことだった。一八三九年、シューベルトの兄フェルディナントを訪ねた際にこの作品のことを知ったロベルト・シューマンは、すぐに感激し、友人フェーリクス・メンデルスゾーンにこの作品を送った。そして、ライプツィヒ・ゲヴァントハウスの楽長だったメンデルスゾーンはその年のうちに数回にわたる上演にこぎつけたのであった。シューベルトが生きていたら四二歳になっていたはずだ。

## 委嘱と信仰告白のあいだで——宗教声楽曲

家庭での演奏やビーダーマイアー風のサロンでの交際を越えたもっと広い公共性を、シューベルトは大規模な宗教声楽曲、とりわけオーケストラを伴う大規模なミサ曲でも達成することができた——一見そのように思われる。市内部にある一八の教会および郊外の四八の教会のほとんどが、オーケストラを伴う大規模なミサ曲を上演するに足る組織をそなえていた。なんといっても、宮廷の少年合唱隊に身を置いていたシューベルトは、新旧の教会音楽の膨大なレパートリーを実践的によく知っていたのであった。

ただし、ミサに集まったのはコンサートの聴衆ではなく教区の会衆であったから、近代的な意味での音楽の公共性を論じるのは的を外していよう。コンサートによる宗教音楽の世俗化が、いみじくも「芸術宗教」と呼ばれた一九世紀後半の現象を後押し始めていたとしても、である。ベートーヴェンの《ミサ・ソレムニス》やJ・S・バッハの《マタイ受難曲》はシューベルトの死後およそ半年のあいだに公式に再発見されたが、それと同じ意味でシューベルト自身の大ミサ曲群も、後にコンサートホールのための音楽となった。ミサ曲がホールで厳粛に受容されるようになったことで、教会教区に集うそれまでの聴き方は、公の交響曲コンサートでの聴衆の集いという慣わしに移行したのである。

ただしシューベルトの生前、コンサートホールでのミサ曲上演はまだ公認されていなかった。ベートーヴェンでさえ《ミサ・ソレムニス》のウィーン初演の際には「賛歌（Hymnen）」とぼかした呼び方をすることで、こま切れに演奏するしかなかった。ちなみに、一八二四年五月のコンサートで行われたこの初演に、先に引用したクーペルヴィーザー宛の手紙でシューベルトは期待に溢れたまなざしを注いでいたのだった。

つまり教会教区はシューベルトにとって、いうなれば疑似的な公共性の役割を果たしていた。一七歳の作曲家が、まず生地のリヒテンタール教会で演奏されたミサ曲によって最初の大成功を収めた事実は、まさに注目に値する。一八一四年九月に初演されたこのヘ長調ミサ曲D一〇五は、その後しだいに市内部で繰り返し上演されるようになっていったのであった。すでに述べたように、このポジティヴな経験こそが、作曲家として生きるというリスクに踏み出すようシューベルトを強く後押ししたものだったにちがいない。

驚くべきことだが、初期の大規模な教会音楽は、そもそも生地の教区教会のために作曲されたのではない。ヘ長調ミサ曲も、リヒテンタール教区の創立記念祭のために依頼された名誉ある仕事だったと言えるにせよ、それよりもむしろ、自由な作曲家になるという動機のほうが強く働いていた。同じように、半年後のト長調ミサ曲D一六七や数々の小規模な教会音楽も、強制されない自由な環境で成立している。こうして見ると、両親宅をあとにしたシューベルトが、さしあたり定期的に教会音楽を書かなくなっていった事実も容易に説明されよう。

その後ちらほら教会音楽を作ったのは、兄フェルディナントのためである。たとえばフェルディナントのために書かれたいわゆる《ドイツ・レクイエム》D六二一について言うと、一八一六年以降ウィーンの孤児院で音楽教育に用いられたこの作品から、一八一九年一一月には自身の〔就職のための〕音楽試験の折にいくつかの楽章が提出されもした。フェルディナントは一八二〇年以降にアルトレルヒエンフェルトの教会合唱をも兼任で指揮していたが、その兄のため、後年になっても儀式的な機会音楽がいくつか生まれた。六つのアンティフォナD六九六や《タントゥム・エルゴ》D七五〇などである。

シューベルト初期の宗教音楽は、それこそ初期の弦楽四重奏曲や交響曲と同じく、顔の見える御しやすい人間関係に培われている。初期作品はまれにその直接的な成立環境を超脱し始めることもあったが、かえってそんな時にこそ、初期の生産を支えた土壌がひときわ鮮やかになる。

たとえば一八一八年秋のこと、シューベルト家の四重奏とハトヴィヒのアマチュア・オーケストラでヴィオラを担当していた五歳年上の友人ヨーゼフ・ドップラーは、当時まだエステルハージ伯爵家の家庭教師としてハンガリーに滞在していたシューベルトへの手紙で、新設の「音楽協会」について触れている。この協会でト長調ミサ曲D一六七上演の企画も持ち上がった、というのだ。この種の協会は当時のウィーンにあっては珍しくなかっただろうが、詳しいことはよくわかっておらず、そこでト長調ミサ曲が上演されたかどうかも知られていない。いずれにせよこれもまた、公共的というよりは個人的な人間関係だったにちがいない。そういう人間関係が、シューベルト初期の声楽作品および器楽作品にとって決定的な基礎をなしたのである。

一八二八年夏に書かれた最後の変ホ長調大ミサ曲D九五〇にいたっても、ある協会からの正式な作曲依頼があったことが記録されている。郊外にあるアルザー地区《グルント》（今日の第九区）の教会音楽を司る協会のことだ。ということは、交響的な次元を誇るこの大作でさえ、市民による自発的な組織という親密な環境から生まれたのである。協会はこのような組織を結成することで、もはや教会が十分には出資しなくなった教区民の音楽を支えようとしたのだった。ちなみに変ホ長調ミサの依頼主ミヒャエル・ライターマイアーは、かつて幼少時のシューベルトとともにリヒテンタール聖歌隊の指揮者ミヒャエル・ホルツァーの講義を受けた旧友である。

その前に書かれた、番号でいうと第五番にあたるミサ曲についてだけは、作曲のきっかけが知られていない。この変イ長調ミサ曲D六七八の成立史は例を見ないものだ。一八一九年一一月に開始された作曲はようやく一八二二年九月に終わったものの、シューベルトはこれをも最終形態とはみなさなかった。一八二五年には多大な労力を注いで第二稿を起こしているからだ。とはいえ、少なくとも第一稿については上演のめどが立っていたらしい。一八二二年一二月七日の手紙でシューベルトはヨーゼフ・シュパウンに、「僕はこのミサ曲がうまくいったと思っているので、皇帝あるいは皇妃にこれを捧げるという昔ながらのアイディア」を実行に移したいとも書いているからだ（Dok., 173／九九頁）。

このことによってシューベルトは、意識してはいなかっただろうがベートーヴェンの「アイディア」を追求しようとしていたのかもしれない。というのもベートーヴェンも同じ時期、アントン・タイバー（一七五六～一八二二）の死去に伴って空席となった皇室・帝室の宮廷作曲家の地位に応募していたのである（結局この空席は二度と埋められなかったのだが）。ともかくこの「昔ながらのアイディア」は第二稿に先立つものであった。第二稿によってシューベルトは一八二六年四月七日、実際に副宮廷楽長の座を得るべく皇帝に宛てて応募しているからだ。

もっともこの応募は、友人たちの後年の証言によれば、一八二四年からサリエーリの後任となった宮廷楽長ヨーゼフ・アイブラーによって阻止されたという。アイブラーのものと伝えられる「このミサ曲は上出来だが、皇帝の気に入る様式で書かれてはいない」（Erinn., 204／二一四頁）という言葉は、後にひねり出されたものであったとしても、核心を突いている。宮廷では皇帝の保守的な音楽趣味に合わせ、ゲオルク・ロイター（子）からフロリアン・ガスマンを経てヨハン・ゲオルク・アルブレヒツベルガーにいたる旧来の教会音楽（シューベルトは少年合唱団に身を置いていた頃からこれらの音楽をはっきり意識していた）を基準にしていたのだが、変イ長調や変ホ長調といった後期シューベルトのミサ曲は、その慣習を完膚なきまでに粉砕しているからだ。

シューベルトの宗教音楽に信仰告白の性格を聴き取る見方に対して、研究者たちは絶えず疑問を投げかけてきた。まずもって心にとめておくべきことだが、シューベルトの宗教音楽は、現実的な作曲のきっかけという点でも、自身が深く身を浸してきた教会音楽の伝統のうちにある。この伝統に連なる特徴とは、少なくとも初期作品では古くからなじみの音楽語法がいくつも用いられていること、あまりにあからさまな個人的特徴は避けられていることなどである。

しかしこのジャンルでもすでに、シューベルトの個人様式が強い主張をつらぬいている。なかでも、すべてのミサ曲にわたって注目すべき歌詞省略が見られるという事実が、多くの議論を巻き起こしてきた。さしあたり確実といって良いのは、この省略は作曲の際に気まぐれでなされたものでもなければ、歌詞原本の落丁によるものでもない、ということである。そもそも犯すべからざるミサ通常文に対するこの処置は、作品によってさまざまに異なるものの、確かな傾向を読み取ることができる。

すなわちシューベルトは、六つのミサすべてにおいて、〈クレド〉の文章「一にして聖かつ公の、使徒継承の教会を〔われは信ず〕」に付曲していない。また第二番以降は〈グローリア〉の懇願の一節「われらの願いを聞き入れたまえ」が欠けており、第四番以降は関係文「父の右に座したもう〔主〕」が省かれている。加えて目を引くことに、最後の二作品では「死者のよみがえりを待ち望む」という信仰告白にも手がつけられていない。

ミサへの付曲に際しての歌詞省略はほかの作曲家にも見られることであり、歌詞が省略されたミサ曲は典礼の場では使われないという現象は、一九世紀後半になってもなお生じていた。しかし、シューベルトが特定の教義《ドグマ》をシステマチックに省いたこと、とりわけ制度としての教会に対する信仰告白を一貫して拒絶したことは、明らかに個人的な態度に由来していよう。

たとえば一八一八年にハンガリーのゼレチュから兄イグナーツに宛てた手紙では、イグナーツによる「坊主たちへの妥協の余地なき憎しみ」に感じ入ったことを伝えているし（Dok., 75／六九頁）、一八二五年夏の大旅行の道中では兄フェルディナント宛の手紙で、ザルツブルクの記念建造物をめぐって、とくに「坊主どもの衰えた力」について記録している（Dok., 314／一七六頁）。似たような例はもっと挙げられようが、ただしこうした発言は、宗教に敵対するものではなく、あくまで教会に向けられた鋭い批判である。いっぽう両親に対しては自分の「敬虔さ」を告白しつつも、「決して強制されて祈りはしない」と述べたりしている（Dok., 299／一六五頁）。

どう見てもシューベルトは熱心に教会に通うカトリック教徒ではなかったし、それは友人たちも同様だった。どのみち、正統的教義からある程度の距離をとる構えは、若い知識人からなるこのサークルにあってはなじみのものだった。

一八二七年一月には、友人フェルディナント・ヴァルヒャーが、ルートヴィヒ・ティーツェという人気歌手のコンサートにシューベルトを誘うということがあった。ヴァルヒャーは招待状に、「われは信ず、一なる神を（Credo in unum Deum）」というグレゴリオ聖歌の音符を書き込み、その下にこんなコメントを付した。「君は信じていない！　それは僕もよくわかっている。でも今日の晩の集いでティーツェが君の《夜の明かり》を歌うことは、君も信じるだろう」（Dok., 403）。もっともこれは、手紙の読み手であるシューベルトが理解してくれることを前提にした、宗教をネタとするぶしつけなジョーク以上のものではなかったのだろうが。

またシューベルトはしばしば正統的でない歌詞を用いているが、こうした決意の根本には、個人の信仰告白をめぐる意図があったと考えられよう。

たとえば一八一六年春に書かれた《スターバト・マーテル》D三八三の歌詞は、名高いカトリックの続唱をフリードリヒ・ゴットリープ・クロップシュトックがドイツ語でパラフレーズしたものである。目を引くのは、クロップシュトックというプロテスタント信者によるテクストがこの曲の基礎をなしている事実である。つまり興味深いことに、クロップシュトックによる翻訳も、仲介し嘆願するという神の母マリアの役割を重んじるカトリック的な視点から逸脱しているのである。

この歌詞選択が本当に作曲家によるなにがしかの信仰告白を指し示すのかどうか、それは定かではない（この《スターバト・マーテル》が、一八一五～一六年に成立したすぐれてシステマチックなクロップシュトック歌曲群と深い関連をもつことも考慮する必要がある）。冷静に眺めてみれば、作曲が依頼されたこと、上演されたことを示す記録は残っていないのだが、そのことをもってただちに、内的な動機から作曲されたと結論づけるのは性急にすぎるというものだろう。すでに触れたように、後年にもシューベルトは未完のオラトリオ《ラザロ》D六八九でふたたびプロテスタントの歌詞に音楽をつけている。また非常に目を引くことだが、最晩年には、ウィーンのシナゴーグの聖歌隊長ザロモン・ズルツァーのために、ヘブライ語歌詞による詩篇第九二番D九五三（一八二八年七月）が書かれた。

いっぽう、これに少し先だってグリルパルツァーの歌詞に付曲されたピアノ伴奏つきのカンタータ《ミリアムの勝利の歌》D九四二は、高らかな終結句「いつの時代にも主は偉大なり」が入念に作り込まれているものの、これは本来の宗教音楽ではなく、聖書の主題に基づく世俗音楽になっている。詩人と作曲家が、交際のあった楽才豊かなフレーリヒ姉妹（アンナ、バルバラ、ヨゼフィーネ、カタリーナ）のサークルのためにわざわざこのカンタータを作ったのだった。

要するに、総じてシューベルトの宗教作品は、最も良い意味で超宗派的と呼びうるだろう。それらは非教義的で、啓蒙的かつ教会批判的な宗教性をも表明するかもしれない作品であるが、ただしその宗教性が具体的にいかなるものであったかについては推測の域を出ない。

最晩年に成立したヘブライ語の詩篇および小規模の機会作品とならんで、後期の宗教音楽に数えられなくてはならないのが、まったく性格を異にする二大作である。未完のオペラ《シャクンターラ》D七〇一の冒頭合唱のパッセージが第一楽章に転用された《ドイツ・ミサ曲》D八七二と、変ホ長調ミサ曲D九五〇だ。

前者は、作詞者ヨハン・フィーリプ・ノイマン（《シャクンターラ》の歌詞も彼による）に依頼されたのだろう、一八二七年一〇月にノイマンはウィーン通貨で一〇〇グルデンを作曲家に送っている。ドイツ語の歌詞はすでにミヒャエル・ハイドンの名高い盛式ミサ曲群で使われていた。そうした歌詞に基づく新たな創作によって、シューベルトの《ドイツ・ミサ曲》は一九世紀の流れのなか大いに人気を博した「歌ミサ」のタイプの特徴を示している。その歌詞を礼拝で使用する認可は教会から下されなかったものの、一時期《ドイツ・ミサ曲》はシューベルトの最もポピュラーな合唱作品だった。

後者の変ホ長調ミサ曲は、すでに触れたとおり一八二八年七月にアルザー地区の教会音楽協会から委嘱された作品だが、およそシューベルトの書いた宗教音楽のなかで最大のものだ。〈グローリア〉あるいは〈サンクトゥス〉の威容、両端楽章に聴かれる懇願の親密さ、半音階と三度調と異名同音の法外な使用法、〈グローリア〉と〈クレド〉の終結フーガに示された対位法の完全なマスター――これらはシューベルトの最も成熟した後期様式に属する。

まさにこの後期作品で見せたフーガ技法への取り組みは、生涯の終わりにあって新たに対位法の教育を求めるシューベルトの決心を証しているのだが、これについてはもう少し述べておく必要がある〔次章参照〕。

最晩年の変ホ長調ミサ曲に先立つほんの数ヵ月前、ついに外国の出版社とコンタクトをとり始めたシューベルトは、すぐに提供できる自作を目録のかたちでしたためた。一八二八年春にマインツのショット社宛の手紙に記されたその目録には、とっくに新作でなくなった変イ長調ミサ曲も挙げられている。このミサ曲が出版社の求める品目としてはさすがに通用しないことを、シューベルトは十分意識していたはずではある。しかし他方ではこのミサ曲が、これと併記されたオペラ諸作や《大ハ長調交響曲》の影に隠れるものではない、と主張しうる状況にあることも、意識していたにちがいない。「これらの作品を最後に挙げましたのは」、とシューベルトはショット宛の手紙に書いている。

ひとえに、芸術における至高のものへと向かう私の努力を貴殿に知っていただきたいからなのです。

(Dok., 495／一二三四頁)

劇作品、器楽、交響的ミサ。音楽的公共性へと向かう互いに独立した三つの道が「芸術における至高のもの」をなす。これら三つの道は――そのうち第一の道だけは持続的な成果を残すことができなかったが――作曲家が生前きわめて多様な戦略を携えて歩んできた道にほかならない。そしてシューベルト自身が振り返るように、この三ジャンルのいずれにあっても、多数の若書きによる作品と公のための野心的な作品とを分かつ、明確な切れ目が存在するのである。

第六章

# 若き日の後期作品

*Spätwerk in jungen Jahren*

## 大規模な連作歌曲

他ジャンルに見られる浮き沈みとは一切かかわりなく、歌曲はシューベルトの創作にあって生涯ゆるぎないバックボーンをなし、いや増しに伸びてゆく楽譜出版の源泉でもあった。そのことは繰り返し銘記されるべきである。歌曲をもって作曲家シューベルトは一八二一年に楽譜市場へと歩み出し、一八二〇年代のなかば以降は、気前よく支払ってくれる出版社を見つけるのにもはや何の苦労もいらなかった。

このことは、作品と出版の新しいあり方を試すための地盤にもなったと言えよう。後世への最大の影響力を誇るシューベルトの隠れなき作品群のひとつ、連作歌曲がそれだ。一八二四年に作品二五として出版された《美しき水車小屋の娘》D七九五と、一八二八年に作品八九として出版された《冬の旅》D九一一は作曲家の成熟期の産物であり、それが世に出たあり方からして、全作品のうちで鮮やかにきわだっている。ただしこの両作は、シューベルトその人の作品に先駆を見ることができるのみならず、より広いジャンルの伝統のうちにある。

シューベルトは、連作歌曲を発明したのでは決してない。そうではなく、連作歌曲によってジャンル史を大きく動かしたのである。シューベルトがカルル・マリア・フォン・ウェーバーの連作歌曲《竪琴と剣》(一八一四)を知っていた可能性は高いし、ベートーヴェンの《遥かなる恋人によせて》作品九八(一八一六)は確実に知っていた。後者では、各々の歌曲を切れ目なく続けることでチクルスの発想が極端なまでに押し進められているが、それはシューベルトにあってはいかなるケースにも当てはまらない。シューベルトにとっては連作歌曲の場合も、独立した各々の歌曲が基礎となる。歌詞とならんで、動機と和声による多様な全体配置が、連作としての結びつきをなすのである。

一人の詩人による一連のシステマチックな歌曲を一冊にまとめるという構想は、シューベルトの若い頃にも見られる。この当初からの構想は、ゲーテやシラーによる多くの歌曲をはじめ、そのほかの詩人による歌曲についても、出版する折に働いた。詩人によってのみならず詩の共通性に従って歌曲集が編まれることもよくあった。このような詩人やテーマによる歌曲集を、シューベルトは、たとえば先輩ヨハン・フリードリヒ・ライヒャルトの手本から学ぶことができた。後年、ロマン主義の詩に歌詞を求めるようになってからも、歌曲集を念頭に置きながら結局は実現を見ない――そんなケースも多かったようだ。フリードリヒ・シュレーゲルの《夕映え》やノヴァーリスの《讃歌》からとられた作品などである。

しかしながら、詩人やテーマに沿ってならべられた歌曲集、とりわけ《ヴィルヘルム・マイスターの竪琴弾きの歌》作品一二（一八二二）や《ウォルター・スコット『湖上の美人』からの七つの歌》作品五二（一八二五）のように明らかなかたちで配置され出版された歌曲集でさえ、言葉の厳密な意味ではチクルスと呼べない。この基準を真に満たすのは、ヴィルヘルム・ミュラーの歌詞に基づく二作品、詩人その人がチクルスとして構想した名高い二作品のみである。

デッサウの早世詩人ヴィルヘルム・ミュラー（一七九四〜一八二七）の評価は、文学の分野では長らく不当に低いものだった。その詩が卓越したレベルにあることを見抜いたのはシューベルトだけではない。ハインリヒ・ハイネも詩集『歌の本』の模範はミュラーだとはっきり言っている。この点からすれば、ミュラーにかかりつきりになったシューベルトがその後ただちに、人生最後の数ヵ月に、歌詞の源泉としてハイネを発見し始めたというのも偶然ではないだろう。

さて《美しき水車小屋の娘》の各詩は、ある恋物語をめぐる「目覚め―束の間の成就―悲劇的結末」の順に配列されていて、一貫した物語の筋をもつ。この物語を音楽であらわすためにシューベルトが用いたものとして、象徴的に解釈されるべき着想が挙げられる。たとえば、変ロ長調で始めたチクルスを五度圏の正反対に位置するホ長調で閉じるといった着想である。

これに対して《冬の旅》では物語の出発点に失恋があり、早くも第一曲で、悩める個人による目的なき宿なしのさすらいが始まる。前作のような死による物語の終結はないし、その限りでロマン主義的な救済も与えられない。したがって、最初と最後の詩を別にすれば、各詩の配列にも必然性があるわけではない。無目的なさすらいが描くのは、直線ではなく、文字どおり出口なき円環であるからだ。

たしかに、《冬の旅》の成立史には明らかな中断が生じている。そのためにミュラーの最終的な詩配列も意図せずして変更されたわけだが、だからといって作品の全体的印象が損なわれることはないだろう。具体的にはこういうことだ。まず一八二七年二月に、とある年刊の詩集でミュラーによる一二の詩からなる『冬の旅』を見つけたシューベルトは、ただちにこれに付曲した。ところが秋になって、じつはミュラーの『詩集　旅するホルン吹きの遺稿から』〔第二巻、一八二四年〕のなかに、詩人みずからによって拡大され新たに配列された二四の詩からなる完全なチクルスがあることを、友人ショーバーの蔵書で発見する。作曲済みの前半はすでに出版社の手にわたっていたのだが、欠けていた一二の詩にもシューベルトは同じく曲をつけたのであった。

新しい稿の冒頭にもミュラーは「おやすみ」を持ってきているため、シューベルトの事後的な作曲によって生じた詩集内部でのわずかな配列変更も、全体のゆるい物語の筋に影響を与えてはいない。なにより決定的なのは、シューベルトのチクルスにあっても、新たに付け加えられた〈辻音楽師〉がミュラーと同じく終結をなしている事実である。

以上の成立史から、なぜ歌曲集《冬の旅》の前半部では歌曲間の動機の結びつきがたやすく指摘されるのかもよくわかる。たとえば第四曲と第五曲の三連符〔譜例6〕、第六曲の冒頭で回帰する第五曲の中間部の動機など〔譜例7〕は、きわだって耳を引くことさえある。こうした結びつきは、曲集の後半部ではほとんど指摘できない。

二つのミュラー歌曲集において、シューベルトの歌曲技法は孤高の頂点に到達した。もし「シューベルト歌曲」なるものの特徴が典型的な仕方で存在するとすれば、それをとくに印象深く学ぶことができるのはこの両チクルスからであろう。

なにより注目したいのは、和声法を深めたり

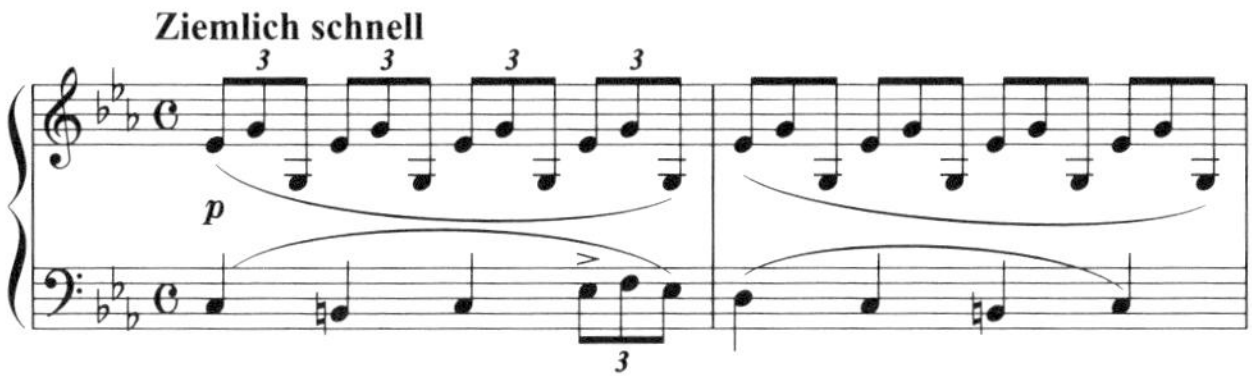


譜例6a　《冬の旅》D 911 第4曲〈凍結〉の冒頭

譜例6b　《冬の旅》D 911 第5曲〈菩提樹〉の冒頭。第4曲で凍える風を描いた三連符は、直後の第5曲で、真夏の菩提樹のそよぎとなる。それは「寒—暖」をめぐる対照的な自然描写であるとともに、「現在—過去」をめぐる心理の両極を写し取る

構造を複雑にしたりすることで、有節歌曲のモデルからいかに幅広い変奏が勝ち取られているか、である。たとえば《冬の旅》のまさに幕開けとなる曲は、ニ短調——陰鬱な弦楽四重奏曲D八一〇と同じ調だ——にしっかり固定されつつも、第四詩節でニ長調へと強烈な激変を遂げたあと、ただちにまた救いのない短調へと戻ってくる。色彩がめくるめく移ろうこの手法は、個人様式の新たな特徴であり、一八二〇年代後半に書かれたあらゆる大規模作品において前代未聞の効果を上げている。

　この曲についてさらに指摘すべきは、八分音符で歩むさすらいのリズムが全体の基礎をなしている点、しかもそれがたんなる音画としてあらわれているのではなく、ひたすらな前進と彷徨《ほうこう》を描く象徴的な質を獲得している点である。こうした手法にかつて与えられたまことにふさわしい呼び名を用いるなら、この歌曲は一つの「着想の核」［エッケブレヒト、一九七〇による］に基づく作曲技法を示している、ということになる。

譜例7a　《冬の旅》D 911 第5曲〈菩提樹〉の中間部。現実に戻された「私」はホ短調でさすらう

譜例7b　《冬の旅》D 911 第6曲〈あふるる水〉の冒頭。〈菩提樹〉中間部のホ短調と三連符リズムを受け継ぎつつ、直後の〈あふるる水〉は静かな悲しみを歌い始める

心をかき乱す終曲〈堅琴弾き〉についても同じことが言える。手回しオルガンを模した保続低音による空虚五度は、たしかに具体的なイメージに由来してはいる。しかし空虚五度がオスティナートで執拗に繰り返されることで、動機と和声による一種のミニマリズムが楽曲に付与されているのであり、この手法はいかなる時代の音楽にあっても類例が見られないほどラディカルである。

そもそもミュラーの歌詞についても言えることだが、要するにここで問題になっているのは、磨き上げられ細部まで徹底して作り込まれた芸術の産物なのである。その点では、後年に〈さすらいは粉ひきの喜び〉や〈菩提樹〉といった歌曲が旋律だけでとりあげられたり、ほかの作曲家の他愛もない編曲によって民謡になったりしているのは、目を引く現象である。

シューベルトと友人たちの多くが、メッテルニヒの統治する当時を恐ろしい氷河期と感じていたことを、いくつかの事実が示している。《冬の旅》に聴かれる慰めのなさは、この意味では徹底して政治的な次元の事柄でもある。それは、救いなく凍結し重苦しく打ち続く出口なき状況を、音楽によって想像したものなのである。

ヴィルヘルム・ミュラーによるこの表現が、ただちにこんどはハインリヒ・ハイネに見出されたことは、まったく理に適っている。ハイネの詩に基づく大規模な歌曲群でシューベルトが反応を示したもの、それは（後のシューマンに見られるような）ハイネの精細なアイロニーではなく、文学でいみじくも「世界苦（Weltschmerz）」と呼ばれる実存的不安に対する悲劇的な嘲笑であった。すでにシューベルトは《冬の旅》の前半を「ぞっとする歌曲からなるチクルス」だと友人たちに予告した（Erinn., 161／一六七頁）。友人たちはシューベルトの弾き語りに狼狽を隠せなかった。ハイネ歌曲についてもこの特徴は少なからず当てはまる。

より大規模なハイネ・チクルスをシューベルトが計画していたことはたぶん間違いないが、出版人トビアス・ハスリンガーは、遺された六つのハイネ歌曲を七つのレルシュタープ歌曲と合わせ、最後をヨハン・ガブリエル・ザイドゥル詩による《鳩の便り》D九六五Aで締めることで一冊の歌曲集を編み上げた。そして死後出版の際、これを独断で《白鳥の歌》D九五七と呼んだのであった。

《冬の旅》と《白鳥の歌》は、深い幻滅を作為的に記録したものとして理解されよう。晩年のシューベルトはしばしば、ワイン店レンケイやジンガー通りのカフェ・ボークナーに顔を出していた。世界苦と震撼を美的に表現する術《すべ》をわがものとしていたシューベルトであったからこそ、なおのこと、友情と交際の体験によってバランスを取ることが必要とされていたにちがいない。

## 作曲の新天地、そして最後のプロジェクト

シューベルトの「後期作品」について、バッハやベートーヴェンをめぐって議論されてきたのと同じくらいの力を込めて語るのは、もちろん適切ではない。この早世の人物にとって「後期」とは、純粋に年表上の意味で最後の諸作品を意味するにすぎない。だが最後の諸作品では、長きにわたる実験の成果と呼びうる何か、作曲をめぐるまったく新たな意識水準を知らしめる何かが達成され、それらは有効な特徴を示すにいたっている。

多少なりとも明らかな区切りのようなものは、ベートーヴェンにかんしては検討しうるかもしれない。しかし同じものをシューベルトに求めても無駄である。遅くとも転機となった一八二四年の春以降、シューベ

ルトの音楽的思考を一つの尺度で測ることはできない。と同時に、シューベルトの音楽的思考はある創造的な連続性のうちにある。

しかしこの連続性は、安定した精査とか解明的な総括がなされた、という今日的な意味での「後期作品」概念に結びつきはしない。「後期作品」という括りは、どのみち年代的な観点からしか妥当しないのだ。むしろシューベルトの創造的な連続性が「後期作品」に与える意味とは、御しがたく生産的な衝動が突然に開花する、その様相なのである。

最晩年にはたいへん喜ばしい出来事がいくつもあった。なかでも特筆に値するのが、ウィーンの公共の場で初めて大きな成功を収めたことであるが、これはシューベルトがシステマチックに目指してきたものだった。一八二七年九月には、長く温めてきたグラーツの友人サークル訪問が実現する。グラーツでは「長い間、じつに満ち足りた日々を過ごしました」(Dok., 452／一二〇頁)と、後にシューベルトは逗留先のホステスであるマリー・パハラーに伝えている。

当地の友人の助けを借りてオペラ《アルフォンゾとエストレッラ》をなんとか上演したいという望みは、しかし打ち砕かれた。おそらくはこの挫折ゆえに、同年六月に再びオペラ《グライヒェン伯爵》を書き始めたのだろうが、このオペラも台本のせいで、遅くとも一八二八年春には最終的にお蔵入りとなる。

いっぽう、一八二四年三月にクーペルヴィーザーに打ち明けた計画を実行に移す手はずが整ったのも、一八二八年春のことだった。自己負担かつ自作品のみによる公のコンサートを開く計画のことである。この「私的演奏会」のためにシューベルトは、楽友協会ホールを無償で借りることができたのだが、開催日の一八二八年三月二六日がベートーヴェンの一周忌に当たっているのは、たぶん意義深い偶然である。

ベートーヴェンが一八二四年五月に行ったような交響曲コンサートではなかったものの、シューベルトの私的演奏会にはウィーンで知己のある数多くの音楽家が参加し、一晩中続いた。プログラムは、もっぱら「主催者その人の作による」（Dok.², 412）歌曲と室内楽からなっていた。ひときわ当夜の成功をもたらしたのが、グリルパルツァー詞によるピアノ伴奏つきの合唱作品《セレナーデ》D九二〇であり、これはシューベルト作品のなかでも当初から最も人気のあるもののひとつだった。

このコンサートにかんする唯一の、しかし熱狂的な記録を残したのが、シューベルト・サークルの一員フランツ・ハルトマンの日記であり、そこには打ち上げの様子についても描かれている。

それがどれほど素晴らしかったか、僕は決して忘れないだろう。シャルハマーやヴィッテチエクが来ていたことも、たいへん嬉しかった。蝸牛亭《ツア・シュネッケ》［当時の友人たちなじみのレストランで、グラーベン／ペータースプラッツの角にあった］で僕らは一二時までお祝いをした。（Dok., 504）

この演奏会で得た八〇〇グルデン（ウィーン通貨）にのぼる収入は、この種の初めての企画としては少なくないものだった。この収入で「大富豪の役回り」を演じられるようになったシューベルトは、当時ウィーンで大当たりをとっていたニコロ・パガニーニの高額な演奏会に友人バウエルンフェルトを招待する、などということもやってのけている。「なにせ藁くずのように金をもっている」から、というのであった（Erinn., 261／二七六頁）。

さて、晩年の大規模な作品に数えられるのが、多様な室内楽とピアノ作品、ミュラーとハイネによる連作歌曲および変ホ長調ミサ曲であり、かたや未完に終わった構想としては、とりわけオペラ《グライヒェン伯爵》と大ニ長調交響曲が挙げられる。

この最後の歳月には、それまでの作品総体には見られなかったジャンルを、意識的にものにしようという姿勢が見られる。室内楽でそれにあたるのが、二つのピアノ・トリオD八九八とD九二九（このジャンルの先例といえば、せいぜい未完に終わった若書きのD二八くらいであった）と、完成された大規模作品としては最後に位置するハ長調の弦楽五重奏曲D九五六（一八二八年秋）である。

大弦楽四重奏曲群につらなりつつも楽器編成を意識的に拡大せんとするこの五重奏曲は、作曲のきっかけが知られていない。さらに目を引くことに、（ヴィオラ二本ではなく）チェロ二本を擁する編成は、モーツァルトとベートーヴェンのしつらえたジャンル・モデルから逸れている。チェロ二本を用いたルイージ・ボッケリーニの作品をシューベルトが知っていたかは不明である。この五重奏曲は、外的な荘厳と内的な沈潜を併せもつ大規模作品に数えられるとともに、シューベルトが――音楽史に多大な影響を残すことになる――輝かしくも澄み切ったハ長調の特性を、限りなく深めつつ豊かにした作品のひとつでもある。

ピアノ・トリオは、結局は死後出版となったにせよ、どちらも生前のうちに作曲家によって印刷に回された。とりわけ一八二七年一一月に作曲が始まった変ホ長調トリオの冒頭楽章は、一九世紀に深く影響をおよぼすパイオニア的な特性を示している。シューベルトにはしばしば見られることであり、弦楽五重奏曲でもそうだが、広大なソナタ形式の提示部は和声上の三つの停留地をまたいで発展する（三つのうち二番目の停留地は、いつものように主調から三度隔たっている）。このケースでの三度調は、主調の変ホ長調から長三度下の調である。ところが、本来であれば変ハ短調で記譜されるべきこの調は、ただちにロ短調で――つまり五度圏のうちシャープ調の側で――継続され、そのはるかあと、多大なる回り道を経てようやく、待ち望まれた属調の変ロ長調に到達する〔譜例8〕。

異名同音によって転調の進路を意図的にカムフラージュするこの種の攪乱プレーは、それまでの古典派ソナタの提示部にあっては完全なタブーであったが、それにはもっともな理由がある。形式を構成すべき「主調―属調」の両極性が水平化されてしまう、あるいはそのドラマ性が無効化されてしまうからである。この無効化はシューベルトの三調提示部に概して見られ、たとえば最後のピアノ・ソナタD九六〇をもつらぬくが、シューベルトが提示部で異名同音によるこの冒険に乗り出す際には、つねにピアノを伴っていたというのは目を引く事実だ。この楽器なら、音程調整の問題にかかずらわずに済んだからである。

ベートーヴェンの命日にシューベルトの「私的演奏会」で初めて公に演奏された変ホ長調トリオであったが、近年の研究では、じつは「ベートーヴェンへの告別」がその「詩的理念」をなしていたことが、説得的に論じられている。それに加え、緩徐楽章でシューベルトは、スウェーデン生まれの親友ショーバーへのオマージュとしてであろう、憂愁な葬送行進曲風のスウェーデン民謡を――めずらしいことに自作の歌ではなく――集中的に扱っている。この歌は終楽章でふたたび二回〔オリジナル稿では三回〕にわたって帰ってくるのだが、それによって作品全体が、野心に満ちたチクルス的な構想を、ほとんど途方もない次元で有していることが明らかになる（印刷に際してシューベルトは、この終楽章を大幅に短縮してしまったのだが）。

時を同じくしてシューベルトは、歌曲のジャンルでも、コンサートでの上演を念頭に置いた新種の編成を実験していた。やはり「私的演奏会」で初演されたレルシュタープの詩による《流れの上で》D九四三は、歌唱声部とホルンとピアノのために書かれている。またベルリンで活躍中のソプラノ歌手アンナ・ミルダーのために作曲された《岩の上の羊飼い》D九六五（二人の詩人、ヴィルヘルム・ミュラーとカール・アウグスト・

ファルンハーゲン・フォン・エンゼの詩節をシューベルトが編集したもの）では、ピアノ伴奏つきの歌唱声部にオブリガート・クラリネットが加わり、終盤でたっぷり名人芸を披露する。

ピアノ作品をみても、シューベルトによって初めて広く知られるようになった新ジャンルがある。六つの《楽興の時》Ｄ七八〇は、一八二八年にザウアー＆ライデスドルフ社から作品九四として出版された。《即興曲》にはＤ八九九とＤ九三五の二つがある。前半は一八二七年に作品九〇として出版されたが、後半が世

譜例8　ピアノ・トリオ変ホ長調 D 929 第1楽章。主要主題部は、目的地である属調（変ロ長調）にいったん落ち着く（第41小節）。ところが、変ト音が異名同音で嬰ヘ音に読み換えられることで（第46小節）、音楽はにわかに ロ短調へと逸れ、このきわめて遠い調で副次主題部が始まる。こうした読み換えは、たんに記譜の都合によるものではない。それは声楽／器楽を問わず、シューベルトの音楽において「他世界のあらわれ」といった重要な象徴機能を担う（堀『〈フランツ・シューベルト〉の誕生』、87-94頁参照）

に出たのはようやく作曲家の死後（一八三九）であり、作品番号も一四二という高い数字であった。抒情的ピアノ曲のジャンル史に大きな影響を残した《即興曲》というタイトルは、作品九〇の出版人トビアス・ハスリンガーが提案したのであろう。このタイトルはすでに一八二二年、早世のヤン・ヴァツラフ・ヴォジーシェク（一七九一〜一八二五）の曲集に使われていた。ボヘミア出身のこの作曲家は、ウィーンで宮廷オルガニストとして活躍していた。三つの小品からなる同様の曲集Ｄ九四六（一八二八年五月）は一八六八年になってから、ほかでもないヨハネス・ブラームスによって出版されたが、即興曲とは銘打たれなかった。

最晩年には、三大ピアノ・ソナタが書かれた。九月に成立したハ短調、イ長調、変ロ長調の三作（Ｄ九五八〜九六〇）であり、作曲家はこれを著名なピアノ・ヴィルトゥオーソであるヨハン・ネポムク・フンメルに献呈したいと考えていた。それぞれの冒頭楽章では、連想的に旋律を紡ぎ出すみずからの展開手法が限界まで押し進められている。それはいわば、古典派の「分析的」動機労作にとってかわる「統合的」オルタナティヴと呼ぶこともできる。提示部の各主題をいくつかの構成要素に分解するのではなく、動機の破片から絶えず新たなかたちが生み出されるような手法である。

四手ピアノのためのヘ短調幻想曲Ｄ九四〇はならぶもののない傑作だ。一八二八年春に書かれたこの作品は、死後ほどなく、シューベルト自身が与えた一〇三という作品番号を伴って世に出され、（身分差ゆえに望みはなかったのだが）惚れ込んでいたピアノ生徒カロリーネ・エステルハージに献呈されている。おそらくこの令嬢のために一八二四年夏ゼレチュで作られていたハ長調の大ソナタＤ八一二（一八三七年に《グラン・デュオ》のタイトルで出版された）とならんで、この幻想曲はシューベルトが四手ピアノのために残した最大級の作品に数えられる。一八二二年出版の《さすらい人幻想曲》やヴァイオリンのための幻想曲Ｄ九三四と同じく、切れ目なく続く四楽章で構成されている。

シューベルトのいちばん最後の音楽群に見られる特徴だが、D九四〇の終楽章で展開される巨大かつ自由なフーガでは、末尾近くに大音量で鳴る不協和音にゲネラルパウゼが続く。不意に訪れるこの休止は、シューベルトのドラマトゥルギーに典型的なものだ。この破壊的な終極点ないしクライマックスのあと、幻想曲の冒頭テーマが憂愁に満ちた回想のごとく帰ってくる。筆舌に尽くせぬほど感動的な効果をもたらすこのテーマ回帰は、不協和音を伴う終結カデンツ——シューベルトの全ピアノ作品にあって、最も痛みに満ちたカデンツのひとつだ——の、針穴を縫うようにしてやってくる。

一八二八年夏に取りかかっていたと思われるニ長調交響曲のための草稿断片D九三六Aは三楽章からなり、どの楽章も、それぞれ異なるかたちではあるにせよかなり筆が進んでいる。第三楽章でも長大なフーガが展開され、その終局では、主要主題が諸声部間で相互に重なり合って層をなしている。つまるところシューベルトは最後に、器楽チクルスにおいて対位法のいろいろな技術を新しいやり方で統合するというアイディアに取り組んでいたのであろう。その刺激を与えたのが、ベートーヴェン後期作品のフーガだったのか、後年の証言が伝えるバッハ《平均律クラヴィーア曲集》への関心だったのか、あるいは晩年に突如として芽生えたヘンデル熱だったのかは、定かでない。あらためて対位法と対決しようというある種の衝動は、変ホ長調ミサ曲に見られる二つの大フーガにおいてもシューベルトを捉えている。

少なくとも、同い年の友人ヴォルフガング・ヨーゼフ・ランツ（一七九七〜一八七三）と一緒にジーモン・ゼヒターのもとで対位法のレッスンを受けようというシューベルトの決意も、このような衝動と関連していたにちがいない。ゼヒターはすでに当時のウィーンにあってこの分野の権威であり、四半世紀の後にはほかならぬアントン・ブルックナーからも教えを乞われることになる。近年ようやく再発見されたランツの回想録によれば、この対位法の新コースがどれほどためになるものかをランツはしつこく論じ、シューベルトを説き伏せたのであった。何年も前に中途のままで遠ざかっていたサリエーリによるレッスンの欠落をシステマチックに補うことで、対位法の技術をあらためてマスターしようという意図が、そこに働いていたのは間違いない。

だがシューベルトに受けることができたのは一一月四日の最初の課題だけだった。数日後に突如として死の病がその身を襲ったからである。もしこの対位法レッスンが続けられていたとしたら、シューベルトの様式はさらにどれだけ発展することとなったか、計り知れない。

シューベルトは市内部で、またしてもショーバーのもとに暮らしていたのだが、夏の終わりにそこを引き払って、南郊外のヴィーデン地区にある兄フェルディナントの住まいに身を寄せた〔今日の第四区、ケッテンブリュック小路《ガッセ》六〕。シューベルトはこの引越しを、家が密集する市内部での暑さを逃れるための一時的なものと考えていたため、自筆譜の大半をショーバーのもとに残していった。

それにしても、おそらくは医者の勧めから健康を安定させるべく行われたこの転居が、逆の結果をもたらしてしまったというのは歴史のむごい皮肉である。ウィーン郊外の新興地区における不十分な衛生環境が、新たな感染を引き起こしてしまったのだ。事後的に判断するに、この感染は腸チフスのようなものだったというのが、研究者による最も説得力ある診断である。

病床でもかかりっきりになっていた最後の仕事は、おそらく《冬の旅》の校正刷りだったと思われる。死の床でのシューベルト最後の読書については、ショーバー宛の最後の手紙からよく知られている。この手紙でシューベルトは、ジェイムズ・フェニモア・クーパー〔一七八九〜一八五一年、アメリカの作家〕の『最後のモヒカン族』に夢中なのだと伝え、同じ作家の小説をもっと届けてくれるように頼んでいる。ちなみに、クーパーの〔『最後のモヒカン族』を含む連作小説〕『皮脚絆物語《レザーストッキング》』は、その頃ようやくドイツ語に翻訳され、ゲーテの邸宅でも議論の的になっていた。

ショーバーも含む多くの友人は、感染を恐れて病床を見舞わなかった。きっと誰も、シューベルト自身でさえ、この病気をそれほどにシリアスなものとは思っていなかったのだろう。それゆえに、遺書も書かれることはなかったのである。だから一八二八年一一月一九日、突然の高熱とともに最期がやってきたときも、それはむしろ人を驚かせた。数年前の水銀療法で弱っていた体質が、致命的な経過に決定打を加えたものと思われる。

教会の死亡記録によれば、シューベルトが受けたのは「最後の聖油」のみであった（Dok., 552）。聖餐式をシューベルトは拒んだのか、あるいは受けられる状態になかっただけなのかはわからない。一一月二一日に亡骸は最後の祝福を与えられ、ヴェーリンガー墓地にあるベートーヴェンの墓に寄り添うように葬られた。伝えられる限りでは家族と友人の悲しみは深く、シュヴィントのように我を忘れて取り乱す者もあった。一八二八年一二月二三日には、アウグスティナ教会――一七歳の少年のへ長調ミサが市内部で初めて初演された、宮廷直属の名高い教区教会だ――で葬儀が執り行われ、友人アンゼルム・ヒュッテンブレンナーによる二重合唱つきのレクイエムが演奏された。

寄せられたいくつかの追悼文は、生前すでにシューベルトが獲得していた名声を印象深く伝えており、フランツ・グリルパルツァーが起草した墓碑銘は、予期せぬ喪失によるなにがしかのショックを伝えている。もっともこの墓碑銘は、後にロベルト・シューマンが咎め立てたように、シューベルトの達成が当時にしてまったく見わたせないほど豊かだったことを、あまりに軽んじているのではあるが。

音楽はここに豊かな財産を葬った。／その上はるかにうるわしい希望さえも。(Dok., 580)

## 後年の自負——シューベルトと出版社

一八二四年のクーペルヴィーザー宛の手紙には、何度も触れてきた。そこでスケッチされた、「大交響曲」へとシステマチックに歩みゆく計画を振り返ってみるに、断言せざるをえないことがある。計画は、なるほど表向きは——交響曲を公に上演するという狙いからすれば——挫折したものの、潜在的には——シューベルトの器楽がついに突破《ブレイクスルー》を迎えて公に認知されたという点では——成功を収めたのだ。手紙をしたためたあとのシューベルトに残されていたのがたった四年半だったという宿命的な状況が、輝かしいゴールインを妨げる主な要因であった。だが、見積もられた距離を歩むべく道標《みちしるべ》を打った若き作曲家にとって、約四年間というのは十分すぎるものであり、「自由に創造する作曲家」の人生スケッチはゆるぎない現実となったのである。

それを示すのが、シューベルト作品はある時期から出版社の関心を呼び始め、ついにオーストリア国外にさえおよんだ事実である。生前のシューベルトが自作出版のために与えたオーパス番号は一〇六にものぼることを銘記しなくてはならない。この数は、四半世紀も長く生きたベートーヴェンのそれにまったくひけを取らない。

このすべてのオーパス番号の背後で少なからぬ謝礼も支払われている。多くのケースにあってその額は詳《つまび》らかでないにせよ、晩年のシューベルトは、協定貨幣で年間およそ八〇〇グルデンの収入を得ていた。協定貨幣の流通はいちじるしく変動したため、家計管理にどうにか見通しをつけることすら不可能に近かったと思われるが、それでもこの額は副楽長の年収にも相当すると見積もることができよう。

さらには、思いがけずに舞い込む需要やそのつどの印刷速度に依存していた初期のオーパス番号づけも、あとで具体的に示すが、ついには考え抜かれた強い特徴をそなえるようになる。シューベルトのオーパス番号は、すでにその生前にあって作品の成立年代を反映してはいなかったし、偶然の産物たるこの番号づけは（豊かな遺産に対して出版社がそのつど介入できたこともあって）死後も長らく続いた。まさにそうした理由から、二〇世紀にあってシューベルト作品は、オーパス番号ではなく年代順に整理された作品目録による番号で呼ばれるようになった。

生涯の終わりには堂々と出版社との交渉にあたったシューベルトも、当初はそんな状況からほど遠かった。一八二一年、ウィーンの楽譜市場との最初のコンタクトを取り持ったのは友人たちであったし、一八一六年に率先してシューベルトのゲーテ歌曲を飾り文字で編集し、ヴァイマルの詩人君侯に贈ったのも――すでに述べたように成果はなかったが――年長の友人で助言者のヨーゼフ・フォン・シュパウンだった。

作曲家シューベルトが歌曲によって市場に歩み出た事実は、驚くにあたらない。一八二一年四月のこと、友人ヨーゼフ・ヒュッテンブレンナーとレオポルト・ゾンライトナーは、二つのゲーテ歌曲《魔王》と《糸を紡ぐグレートヒェン》を、それぞれシューベルトの作品一、作品二として出版社カッピ＆ディアベッリに持ち込んだ。ただし出版社はあくまで委託販売を請け負ったにすぎず、事前に計算された損益分岐点に達しない場合の金銭的リスクは作曲家の側に負わされた。だからおそらく、単独の歌曲だけで一つのオーパスを占めるという当時としてはきわめて異例の処置も、歌曲にかんするなにか新しい美学のゆえではなく、この委託企画に伴う金銭的リスクをできるだけ最小化しようという、単純かつ現実的な狙いであったのだろう。

この企画は軌道に乗り、一八二二年までに三曲ないし五曲からなる歌曲集がカッピ&ディアベッリ社から矢継ぎ早に、連続する作品番号を伴って、同じ委託方法で出版された。三つのゲーテ歌曲からなる作品一九(一八二五年六月出版)をもって同社はようやくこの委託方針をあらため、リスクをみずから背負う決定を下す。「シューベルト歌曲」という商品がいや増しに市場で成功するようになったことを歴然と示す事実だ。

ただしこれに先立ってシューベルトは、ニーズのきわめて高い別のジャンルによって、同じ出版社で成功を収め始めていた。二分冊で三六のワルツからなるピアノのための《独創的な舞曲》作品九(一八二一年一一月出版〔D三六五〕)、四手ピアノのための《フランスの歌に基づく八つの変奏曲》作品一〇(一八二二年四月出版〔D六二四〕)、当初から人気の高かった《村》D五九八を含む男声のための三つの四重唱 作品一一(一八二二年六月出版)などである。ディアベッリ社から「愛国的」変奏曲を求められたことにも、高まりゆく名声の兆候があらわれている。オーストリアの作曲家五〇人の作品とならんで、一八二一年シューベルトはこの共同作品集にD七一八のワルツを寄せた。ちなみにベートーヴェンが寄せたのは、自身の最後の大規模ピアノ曲となる《ディアベッリ変奏曲》作品一二〇であり、曲集のなかで独立している。

最初の大成功をものにしたのは、一八二三年二月に同じくカッピ&ディアベッリ社から、四楽章からなるハ長調の大幻想曲D七六〇を、作品一五として出版できたときである。これは、「さすらい人幻想曲」という典拠のはっきりしない呼び名でまたたく間に知れわたった。この成功に、作品を献呈されたエマヌエル・

フォン・リーベンベルクがスポンサーとして一役買っていたのは間違いない。彼は、ヨハン・ネポムク・フンメルの弟子としてピアノを弾きこなす貴族であった。『ウィーン新聞』での出版広告では、このインパクトある超絶技巧作品は「最上の作曲家による似たような作品と同列にならべるにふさわしい」(Dok.$^{2}$, 151)と紹介されている。

遅くともこのときには、ウィーンにあってシューベルトは名もなき者ではなかったのだ。ちょうどこの時期に出版社ディアベッリと一時的に交渉を決裂させる危険を冒しているのも、偶然ではなかろう。理由は定かではないが、シューベルトはディアベッリが、自分に対して不当な扱いをして利益を上げていると感じていたのである。数年後に(ほかの出版社とのアプローチも保ったままで)また同社と契約を結ぶようになった際には、出版はもっと有利な新しい条件のもとで行われたにちがいない。

《さすらい人幻想曲》のような作品の献呈は、出版社からの報酬とならんで最も大事な収入源だった。だから献呈相手は普通、社会的な地位や財政力に即して慎重に選ばれたのだが、そのために必要な情報を得ることはシューベルトの社会的能力をはるかに超えていただろう。ここでも決定的だったのが友人の、とりわけおそらくゾンライトナーの仲介であり、しかもそれは実を結んだようだ。献呈を受けた相手には少なからぬ高位貴族が名を連ねているからだ。

フェルディナント・パルフィ伯爵、オーストリア大公ルドルフ、ロシアの皇帝《ツァーリ》ニコライ一世、マティルデ・シュヴァルツエンベルク侯爵夫人、カロリーネ・フォン・キンスキーなどである。あるいは、モーリッツ・フォン・ディートリヒシュタイン伯爵(まさに作品一の《魔王》が献呈されている)やエステルハージ伯爵の一家、イグナーツ・エードラー・フォン・モーゼル〔エードラーは当時の爵位の名称〕など、シューベルトが交際を続けた音楽通の後援者たちもいた。なかでもパルフィやディートリヒシュタインやモーゼルといった面々はウィーンの劇場運営に影響力をおよぼしていたため、オペラを志す若い作曲家にとってはとくに大事な存在だった。

ともかくこの種の――たいていはきわめて実入りの良い――献呈は、シューベルトが貴族のあいだでもますます受け入れられ、評価されていったことを物語っている。だがウィーンの社交界がシューベルト作品の風通しを良くしてくれたのは、やはりなんと言っても、もっぱら実際に音楽を営む場においてであった。

いっぽう、友人や尊敬する芸術家もしだいに献呈相手に選ばれるようになっていった。たとえば、シューベルト歌曲の普及に力を尽したカール・フォン・シェーンシュタイン男爵には連作歌曲《美しき水車小屋の娘》作品二五（一八二四）が、歌手のヨハン・ミヒャエル・フォーグルには作品六の歌曲集（一八二一年八月）が、ヴァイオリニストのイグナーツ・シュパンツィヒには彼自身が演奏したイ短調の弦楽四重奏曲 作品二九（一八二四年一二月）が、あるいはピアニストのカール・マリア・フォン・ボックレットにはニ長調のピアノ・ソナタ作品五三（一八二六年四月）が、それぞれ捧げられている。ゲーテに対する作品一九の献呈（一八二五年六月）がなしのつぶてに終わったことはすでに触れた。

それに先立って、初めてのハイレベルなピアノ作品である作品一〇の変奏曲をシューベルトは、思い切って尊敬するベートーヴェンに献呈しようとしたが（一八二二年四月）、これにかんしてもなんらかの反応があったことは記録されていない。そしてこれはベートーヴェンに対する唯一の献呈となった。

初期の作品カタログを見わたしてみると、きわだっていたのが、歌曲、声楽アンサンブル、ピアノによる交際のための音楽（舞曲や四手用作品）であり、一八二五年には小規模であるゆえ演奏しやすい教会作品も加わる。《タントゥム・エルゴ》D七三九や簡素な第四ミサ曲D四五二などである（《ドイツ・レクイエム》D六二一は兄フェルディナントの名で作品二として一八二六年に出版されたが、これはシューベルトも承知のうえだった）。

そうしたなか、大規模であまり売れない器楽も、着実かつだんだん頻繁に顔を出すようになってきた。すでに触れた《さすらい人幻想曲》作品一五（一八二三）、イ短調の弦楽四重奏曲 作品二九（一八二四）、四手用のピアノ・ソナタ変ロ長調D六一七／作品三〇（一八二三）、イ短調の《大ソナタ 第一番》D八四五／作品四二（一八二六）、《大ソナタ 第二番》と銘打たれたニ長調ソナタD八五〇／作品五三（一八二六）にト長調ソナタD八九四／作品七八（一八二七）〔ト長調ソナタD八九四の自筆譜には「第四番」と記されており、一八二五年から始まる一連のピアノ・ソナタが明確なプランを有していたことがうかがえる。ただし「第三番」が何を指すかは定かでない〕、ヴァイオリンとピアノのためのロ短調の演奏会用ロンドD八九五／作品七〇（一八二七）といった作品であり、最晩年には二つの大ピアノ・トリオ作品九九、一〇〇および壮大な四手用ファンタジー作品一〇三がくる。存命中にそれぞれ別個の作品として出版された三大ソナタ〔D八四五、八五〇、八九四〕からは、ジャンルのなかで個性きわだつレパートリーを形作ろうという明確なプランが読み取れる。

続く「大ソナタ」D九五八〜九六〇にシューベルトは、高名なヴィルトゥオーゾであるヨハン・ネポムク・フンメルへの献辞を添えようとした。これらのソナタは死の直前に完成されて出版社との話も手紙で進んでいたが、世に出たのは一八三九年になってからで、ロベルト・シューマンへの献辞が出版社の手で加えられた。

卓越したジャンルのシリーズを発表してゆく傾向――ハイドン、モーツァルト、ベートーヴェンの作品にも見られたものだ――は、こうしてピアノ・ソナタに首尾よく始まってピアノ・トリオでもはっきりし始めたわけだが、どうしたわけか弦楽四重奏曲ではうまくいかなかった。すでに触れたとおり、作品のシリーズ化はまさにこのジャンルでこそ順調だったのに、である。クーペルヴィーザー宛の手紙で予告された最初のものであるイ短調のD八〇四を、シュパンツィヒは一八二四年の予約演奏会で上演し、ザウアー&ライデスドルフ社はその年のうちに「作品二九の一」として世に出した。しかもその印刷譜のタイトルページには第二、三番が続くと告知され、シューベルトもクーペルヴィーザー宛の手紙で三つの作品に言及していたのだ（うち二つはこの頃もう書き上げられていた）。

このプロジェクトが実現を見なかった理由は謎である。残る二作が出そろうには、シューベルトの死後とても長い時間がかかった。ニ短調のD八一〇はヨーゼフ・チェルニーから一八三一年に遺作として、ト長調のD八八七はディアベッリからようやく一八五一年に作品一六一として印刷された。

このようにシューベルト作品の遺作出版は長い歴史をたどったわけだが、この歴史はそれぞれのジャンルの受容史にとって重要な意味をもつ。作曲年を知るのみならず、作品が（公的な初演にせよ印刷出版にせよ）いつ歴史に影響をおよぼし始めたかを知るためにも重要なのである。

たとえばハ長調とロ短調による二つの大交響曲が公に知られた順序は、作品の成立順序と逆転している。《大ハ長調》は一八三九年にフェーリクス・メンデルスゾーンの主導のもとライプツィヒのゲヴァントハウスにて、《未完成》は一八六五年にヨハン・ヘルベックによってウィーンの楽友協会にて、日の目を見た。最後の弦楽四重奏曲 作品一六一は、先ほども触れたがようやく一八五一年に出版され、ハ長調の弦楽五重奏曲D九五六／作品一六三にいたっては一八五三年まで印刷されなかった。後に大人気曲となった八重奏曲

D八〇三／作品一六六も同じ一八五三年に、「通例の規模」に沿うべく恣意的に二つの楽章をカットした四楽章の短縮版で世に出た。

このような出版社の恣意は、《白鳥の歌》といったタイトルのつけ方にもあらわれている。大規模な四手用のイ短調アレグロD九四七は一八四〇年の出版に際して《人生の嵐》などという俗受けする名前が与えられたし、一八六一年には未完のピアノ・ソナタD八四〇にライプツィヒの出版社は《レリーク　最後のソナタ》という、感傷的かつ誤解を招きやすいタイトルをつけた。これらはシューベルト本人にさかのぼるものではない。

ウィーンの出版社ディアベッリ商会の事業は特筆に値しよう。作曲家の死後、（およそ三〇〇曲にのぼる）歌曲を遺族から買い取ったディアベッリは、『フランツ・シューベルトの遺した音楽詩』という高い宣伝効果をもつタイトルを冠し、一八三〇年七月から一八五〇年夏にかけて五〇巻の歌曲集を世に出したのである。つまり世紀のなかばにいたるまで、定期的に新たなシューベルト歌曲が聴衆に提供されていたことになる。このディアベッリによる遺作分冊の多くは、すぐにパリの出版社リショーによって翻刻された。ドイツ語とフランス語の歌詞が併記されたこの版によって、シューベルト歌曲はフランスでも早い段階から普及するようになった。

生涯の終わり頃にシューベルトは、きわだった自意識をもって出版社と接したが、それには十分な理由があった。シューベルト歌曲の多くがウィーンやオーストリアだけでなく外国でも知られるようになると、ドイツの出版社などが勝手に楽譜を復刻したり年鑑や年報に再録したりし始めたのである。著作権のようなものが機能する以前の時代であったから、このことによって作曲家は何の金銭的な利益も得ることがなかったが、しかし名声は上がった。

一八二六年六月には、ベートーヴェンの弟子カール・チェルニーを介して、チューリヒの音楽出版社ハンス・ゲオルク・ネーゲリがコンタクトをとってきた。計画中の鍵盤音楽シリーズ『音楽の栄誉門』を、シューベルトの新たなピアノ・ソナタで飾りたい、というのである。ネーゲリはなんといってもベートーヴェンによる作品三一のピアノ・ソナタをそもそも世に出した出版人であった。イ短調ソナタD八四五／作品四二によってシューベルトに注目するようになった彼は、このソナタを「たいへんな作品」だとチェルニー宛の手紙で呼んだのだった（Dok., 364）。喜んだシューベルトは、協定貨幣で一二〇グルデン（ウィーン通貨で三〇〇グルデン）もの高額を前金で要求した。取引が実現しなかったのは、もしかするとこのつまらない理由からだったかもしれない。

一八二八年に入ってようやくオーストリアを越えて歩み出す決意を固めたシューベルトは、マインツのショットやライプツィヒのプロープストといった重要な海外出版社にまとまった商取引を持ちかけた。両社への手紙で彼は歌曲のほかに、まだ出版されていない鍵盤および室内楽作品をとくに提供し、すでに触れたように雄弁な結語を添えた。

以上が私の完成した作品の目録ですが、これに加えて、オペラが三つ、ミサ曲が一つ、交響曲が一つあります。これらの作品を最後に挙げましたのは、ひとえに、芸術における至高のものへと向かう私の努力を貴殿に知っていただきたいからなのです。（一八二八年二月二一日ショット宛、Dok., 495／一二三四頁）

楽譜市場を現実的に見積もりつつも、自作がかなり高く評価されている。「大規模」ながら市場では買い手のつかないジャンルの諸作品を、シューベルトは宣伝したかったのである。ショットが躊躇し、積極的な色よい返事を返さぬ間に、ライプツィヒのプロープストが変ホ長調のピアノ・トリオD九二九の出版に名乗りを上げた。

この流れでシューベルトは一歩を進めた。公への最後の行動とも呼べるこの一歩は、意識的に進めてきた自作品プランが、新たなレベルに達したことを示している。一八二八年七月、準備中のトリオの献呈相手と希望する作品番号を照会してきたプロープストに対してシューベルトは八月、簡潔ながら重大な返答を送っている。初めて自由に創造した作曲家の記念碑として、石に刻んで飾るべき言葉だ。

拝啓！　トリオの作品番号は一〇〇です。印刷に間違いのないようお願い申し上げるとともに、憧れつつ出版を心待ちにしております。本作は、これを気に入ってくれる人を除いて、いかなる人にも献呈されません。それが、いちばん儲かる献呈というものでしょう。あらゆる敬意を込めて

フランツ・シューベルト（Dok.[2], 447）

これまで出版されたうちで最も長大な自作への作品番号「一〇〇」には、あからさまな象徴的意味が見てとれる。初めての国外出版となる印刷譜への待ちきれぬ思いが綴られている。広い音楽界の理解ある聴衆に力強く目を向けることで、献呈ビジネスが誇り高く放棄されている。いまや国際的ブレイクスルーを間近にした作曲家だったから、もっと悲壮な身振りでこの世に別れを告げることなど、思いつきもしなかったにち

がいない。
一一月にトリオの印刷譜が届く頃、彼はすでに死んでいた。

エピローグ

# シューベルト受容

*Die Schubert-Rezeption*

自分の作品は「音楽への知性と僕の痛みからなる」。一八二四年春の日記――バウエルンフェルトが伝えるのみの消失した日記――にシューベルトはそう書いたらしい（Dok., 233／一三〇頁）。伝記に重きを置く限りでこの一節にはたいへん人気が集まったものの、「音楽への知性（Verstand für Musik）」を伴うささやかなこの一節が、なによりシューベルトの音楽の合理性に力点を置いている事実は見過ごされがちであった。[訳注5]感情と表現の深みをそなえたシューベルトの音楽にあっても、なお高度に組織された作曲上の理知《インテリゲンツ》として「音楽への知性」が作用している――この点をしっかり理解するには、今日にいたるまで多大な苦労が必要とされた。

その道がかくも長かったのはなぜだろうか。取りかかりくらいは解明できるだろう。理由はおそらく、シューベルト自身が友人サークルにあって、さらには一九世紀の広い聴衆にあって、まずは歌曲の作曲家として高く評価されたという点に認められる。ベートーヴェンの名声が強大に伸びゆくなかでシューベルトによる器楽の遺産はわき道に逸れ、その発見が始まるには一九世紀末まで待たなくてはならなかった。

面白いことに、それでも器楽作曲家シューベルトの価値を早くに認識していたのは、職業的音楽家やジャーナリストや学者ではなく、ベートーヴェンの遺産を義務として最も重く受けとめていた人々、すなわち作曲家だったのである。ロベルト・シューマンは一八三九年、シューベルトの兄フェルディナントのもとで「大」ハ長調交響曲を発見した。フェーリクス・メンデルスゾーン＝バルトルディとフランツ・リストはじつにさまざまなかたちでシューベルトに刺激された。生涯にわたりシューベルトに深い尊敬を寄せたヨハネス・ブラームスは、早くからその作品に親しむことによって、ベートーヴェンの影で作曲することからの決定的な出口を見出した。似たことはアントニン・ドヴォルザークについても言える。

とはいっても、シューベルトの死後の名声に本気で疑問符が付されたことは決してなかった。そのことは生前の評判がすでに十分示している。しかし早く亡くなったことで、作曲家自身が持続的な受容の舵をとることができなくなってしまった。そのため、偏った受容が修正されるには長い時間が必要だったのである。歌曲はともかくとして、鍵盤音楽や室内楽やオーケストラ作品が、多少なりとも網羅的なかたちで公衆のもとへ届けられたのは、世紀のなかばを大きく過ぎてからだった。

その流れの終点をなしたのが、一八八四年から（生誕百年にあたる）一八九七年にかけて編まれた旧全集（AGA=Alte Gesamtausgabe）である。この頃にはともかく規範《カノン》となっていたシューベルトは、この旧全集によって、いまや当代の偉大な出版プロジェクト（ハイドン、モーツァルト、ベートーヴェン、バッハ、ヘンデル）につらなったのである。一九六四年から始まってようやくゴールの見えつつある新全集（NGA=Neue Gesamtausgabe）は、多くの新発見によって作品総数を大きく拡大した。

シューベルトは、「巨人」ベートーヴェンという決まり文句《クリシェ》に対して「心地良い《ゲミュートリッヒ》」ビーダーマイアー的人物というおあつらえ向きのイメージを提供した。その創作を支えた友人サークルは、何十年も経ったあとに老境の友人たちが回想を練り上げたことも手伝って、まったくこの「心地良い」イメージに歪曲されてし

---

訳注5　この一節について、さらに堀朋平『〈フランツ・シューベルトの誕生〉——喪失と再生のオデュッセイ』（法政大学出版局、二〇一六年）、一七五～一七六頁を参照のこと。

まった。

ノスタルジックに美化された古き良きウィーン。シューベルトは、一九世紀後半に防塁が取り壊され、リンク通りが作られたことで跡形もなく消え去ったこのウィーンと重なり合う人物になったのである。

このイメージは二〇世紀にも流れ込んでいる。絶大な人気を誇ったルドルフ・ハンス・バルチュのキッチュ小説（一九一二）では、シューベルトが主人公の『きのこ《シュヴァンメルル》』〔シューベルトのあだ名〕に、あるいはポピュラーなオペレッタ『三人娘』（一九一六）では花形にまで昇格を果たし、ついには映画スクリーンにも華々しく登場した。史料的な基礎が隙だらけであればあるほど、これらの映画が成功するのは造作もないことだった。

過去が受容されてゆく過程の鉄則に従って、二〇世紀の終わりになると振り子はまた別の方向に振れた。精神分析的な暴露を狙った一九八〇年代の伝記が、シューベルトと友人をある種ホモセクシュアルな共同体として描くにまでいたったのである。そのボヘミアンな生き方は、しかしメッテルニヒ時代のウィーンよりもむしろ今日的な大都市のサブカルチャーにふさわしいはずだ。資料的な根拠が貧相なのはともかくとして、このイメージもまた二〇世紀末にはあからさまに需要を広げ、たやすく文化産業への道を見出した。それがもうしばらく続くのは間違いない。

学問的な受容にかんして言えば、歌曲という異論の余地なきジャンル以外で大きな転換が起こったのはようやく二〇世紀のなかばだった。ベートーヴェンとシューベルトの没後一〇〇周年にあたる一九二七／二八年頃には、器楽でのシューベルトはベートーヴェンのかたわらで亜流《エピゴーネン》の仕事をなすのみだったという見解がなお有効だった。シューベルトの音楽に好意は注がれていたものの、当時の主な論点は、古典的ソナタ形式への意固地な取り組みといった点にある。個人様式を示す多くの特徴――一八二〇年以前の初期作品では再現部を下属調から始める傾向や、円熟期の形式・和声にあまた見られる特異性――は理解されぬままに終わり、手仕事的な不器用さと批判されるか、もしくは愛らしい珍妙さとして擁護されるかであった。

こうして、不当な批判と、それに対してシューベルトに肩入れする過度な弁明が、議論の両極を画すこととなる。雄弁なのが、今日ハイレベルなピアニストなら誰しもレパートリーとするシューベルトのソナタも、孤高のパイオニアたるアルトゥール・シュナーベル（一八八二～一九五一）の偉業によってようやく壇上で聴かれるようになっていったという事実だ。シューマンが「大」ハ長調交響曲を評した「天国的な長さ（himmlische Länge）」という熱狂的な表現でさえ、意地悪く曲解され、あまりにたくさんの音楽的「冗長（Längen）」に対する悪口として使われたのである。[訳注6]

シューベルトの大規模な器楽形式には、歴史を左右するという意味でベートーヴェンとならぶ、唯一の構造モデルが展開されている――このことはシューマンやブラームスといった作曲家にはすでに自明だったが、一般的にはまだほんの数十年しか通用していない。だが前世紀にあって、学問的な解釈と音楽による解釈はきわめて豊かな交流を果たしたのである。

シューベルトの作り出した新しい、まっすぐに進まない音楽的時間が、近年の作曲家をどれほど深く魅了し、彼らに受容されてきたか。それは、ジャン・バラケ、ルチアーノ・ベリオ、ヴォルフガング・リーム、

---

訳注6　ドイツ語でLängeに対して複数形のLängenは否定的なニュアンスをもつ。

ディーター・シュネーベル、ハンス・ツエンダーといったヨーロッパ圏の作曲家が証するところである。アメリカ人のモートン・フェルドマンもまたシューベルトに言及しつつ、力の込もった信仰告白を残している。[訳注7]

だが今日、心地良い《ゲミュートリッヒ》ビーダーマイアーの音楽家《ムジカント》が、危機に揺らぐ近現代《モデルネ》の悩ましき同時代人になったのだとすれば、こうした新たなステレオタイプ化に対してもまた、日々警戒し続けねばなるまい。

訳注7　後期のフェルドマンは静謐かつ長大な作風で知られる。ある批評家との対談で、自分の書く「やさしい（gentle）」音楽がホロコーストの犠牲者への哀悼かと問われたフェルドマンは、なかば肯定しつつこう付け加えたらしい。「そう、たとえば芸術の死（への哀悼）です」、「私はある意味でまさに悼んでいるのですが、その対象はそう、シューベルトが私に遺したものとかかわりがあります……」。続く一節およびその音楽史（音楽哲学）的な意味について、Paul Griffiths, Modern music and after (3rd edition, Oxford University Press, 2011), p. 279 参照。

# 訳者あとがき

死後二〇〇年にもなろうとする大作曲家のコンパクトな評伝など、専門家ならば誰が書いても同じなのではないか？　そう思われるかもしれない。けれど、じつはシューベルトほど人物像が定まらない作曲家も珍しいのだ。

たとえば、友人たちは作曲家の日常にどれほど深くかかわったのか、《未完成交響曲》はなぜ未完成なのか、作曲家は同性愛者だったのか（と問うこと自体がナンセンスなのか）……といったテーマの研究は、最近も提出され続けているし、本書においても解かれていない。こうした問題を解くための関数は、近年むしろ増え続けるばかりである。だから、どの未知数を強調するかによって時にはまるで違う作曲家の姿が提示されることにもなる。

そういう現状だからこそ、二一世紀の新しいスタンダードをなす評伝が求められている。欠落箇所に外からピースを当てはめることなく、生涯と作品を完璧に把握したうえで、作曲家にとってどのポイントが大事だったのかをクールに指摘し、それができないケースでは研究の現状の一切を踏まえてありうべき仮説を提示する――そういう原点に立ち還ることが、ぜひとも必要だろう。

簡明直截な『フランツ・シューベルト（Franz Schubert）』（München: Beck, 2011, 2014[2]. 第二版では数字等のわずかな誤りが訂正されている）の著者ハンス＝ヨアヒム・ヒンリヒセンは、それができる、おそらく世界で唯一の人物だ。本書はその全訳である。なお著者はすでに「ヒンリクセン」として本邦に紹介されているが、書籍化にあたって姓をネイティヴに近い（ご本人の意にも即した）表記に改めた。

ヒンリヒセンの著作が日本語になるのはこれが初めてのことだから、その経歴を簡単に紹介しておこう。ハンス＝ヨアヒム・ヒンリヒセンは一九五二年、デンマークと国境を接するドイツ最北地方の島ズュルト（Sylt）に生まれた。一九七一年からベルリン自由大学でドイツ語学・歴史を学び、一九九二年にシューベルト研究で博士号を取得する。国際シューベルト協会から「シューベルト・グランプリ」を受賞したこの論文は、一九九四年に『フランツ・シューベルトの器楽におけるソナタ形式の発展にかんする研究』と題されて出版され、研究史にきわめて大きな一歩を刻んだ（その意義についてはあとであらためて触れよう）。

その後、一九世紀の音楽家ハンス・フォン・ビューローの演奏解釈にかんする研究で一九九八年に教授資格を取得。翌年チューリヒ大学に移り、今日にいたるまで同大学で教鞭をとっている。近年では四五〇頁を超える『ベートーヴェン　ピアノ・ソナタ』（二〇一三）や、本書と同じコンパクトさを誇る『ブルックナー交響曲』（二〇一六／高松佑介訳、春秋社近刊）が上梓されている。編著・共著も多数にのぼり、『バッハと後世』（二〇〇〇）をはじめ、チューリヒの同僚を中心とする学者とともにモーツァルト、ショスタコーヴィチ、マーラー、ブラームス等にかんする膨大な数の著作を編んでいる。

論集への寄稿も合わせると、単著の論文数は二〇一六年一一月の時点で一五七にのぼる。一九八〇～九〇年代にはキャリアの中心をなしたとはいえ、シューベルトを中心的に扱った論文は、そのうち三〇本ほどにすぎない。この数字から明らかなように、ヒンリヒセンの博覧強記を支えるのは、西洋音楽史を見わたす該博さである。その視野の広さゆえ、一つの対象に冷静かつ多角的な光を当てることができるのだろう。

以上を踏まえつつ、本書の特長、および本書の背景をなす著者のシューベルト研究の志向を、四点にまとめてみよう。

第一に、西洋音楽史や文化史から見たとき、作曲家の活動はどのように捉えられるのか？　という間口の広い問題設定が、本書でも明確になされている。「シューベルトの活動を可能にしたもろもろの条件」として「ヨーゼフ主義」や「古典派の遺産」といったマクロな背景を論じることから始まり、しだいに「友人サークル」や「フォアメルツ」、「ビーダーマイアー」といった特殊な環境にフォーカスされてゆく。

ドイツ語圏の専門家によるシューベルト文献はあまたあれど、こうした一般性と論理性をそなえた本は意外に少ない。本書と併せてご参照いただきたい類書として、たとえばエルンスト・ヒルマーの『シューベルト』（山地良造訳　音楽之友社、二〇〇〇年〔原著一九九七年〕）がある。ウィーンが誇る史料に最も通じたヒルマーが、いわば作曲家周辺の特殊な環境から話をおこしているのに対し、ヒンリヒセンはシューベルトという対象を、音楽史家の観点から解きほぐそうとするのである。

しかしその記述は、歴史家の一般性のみならず、専門家だけが知る特殊性にも支えられている。というのも著者は、二一世紀シューベルト研究の最先端を示すジャーナルのひとつ、『シューベルト　諸展望（Schubert Perspektiven）』（二〇〇一〜）の編集主幹であるため、楽曲の成立背景や作品解釈に関する最新事情をも余すところなく踏まえているからである。

たとえば交響曲第四番《悲劇的》D四一七の解釈可能性や、未完のオラトリオ《ラザロ》D六八九の作曲背景にかんする新説がそうだ。とはいえ、それらもあくまで暫定的な仮説であって、別の説も現在進行形で提示され続けていることは、付け加えておく必要があろう。そうした点も含めて盛況にあるシューベルト研究の成果が圧縮されている点に、最も一般的な次元での本書の特長がある。

第二に、これがおそらく最もインパクトのある点であるが、著者は、シューベルトの音楽がいかに特殊であり破格であるかを強調する。しかも、一九世紀音楽の風景を一変させるその破格さが（とくに三九、一四六頁参照）、作曲家の生涯にわたる戦略の産物であったこと――それが本書の最大の主張なのである。著者のキャリアを決定づけた『フランツ・シューベルトの器楽におけるソナタ形式の発展にかんする研究』（一九九四）は、ソナタ形式をとる全器楽を対象とし、自筆譜も含めて残されたすべての楽譜を検討しつつ、その点を掘り下げたものだ。「器楽作曲家としては素人も同然」という従来の先入見を真っ向から否定し、シューベルトの形式感は「発展」の層のもとで徐々に成熟していった、という価値観を浸透させた点にこそ、ヒンリヒセンの最大の学問的業績がある。

だから（先ほど挙げた第一点に反するようでもあるが）、シューベルトの所産を音楽史の観点から冷静に解剖するといっても、本当の視座はじつは作品そのものにある。これもじつは希少な特質かもしれない。「後世」からの視点を導入することでシューベルトの音楽の未熟さを採点する傾向、逆にその異常さを無害化する論調は、近年も根強いからである。

たとえば、著者もその全集編纂に携わった二〇世紀の碩学カール・ダールハウス（一九二八～八九）は、シューベルトに対してそのような立場をとった。ダールハウスが歴史家の立場からシューベルトの「位置づけ」を行ったとすれば、ヒンリヒセンは作品の内部に立脚し、音楽そのものに語らせる。著者がシューベルトの自筆譜に深くコミットし、一九九一年には《幻想曲》D九四〇、一九九二年には《レリーク・ソナタ》D八四〇など、複数のファクシミリ・エディションに詳細な注解を寄せているゆえんである。書物の制約上、そうした側面が本書でそれほど強く表に出ているわけではないにせよ、音楽そのものに語らせるスタイルは、とくに晩年の諸作をめぐる第六章できわだってくる。

第三に、主な業績は器楽研究にあるとはいえ、著者は歌曲にも研究の力点を置いてきた。ドイツ語学と歴史を修め、哲学にも深い造詣があるのだから当然といえば当然でもあろうが、複雑な構成をもつ歌詞に対する付曲が、器楽を含むシューベルトの音楽形式の生成にどれだけ大きな影響を与えたか、といった観点からも少なからぬ論文が上梓されている。

それらの諸論文を読む限り、著者は、「器楽を言葉で解釈する立場」からは厳格に一線を画している。第五章の《大ハ長調交響曲》D九四四にかんするくだりを読めばそれは十分おわかりいただけるはずだが、じつは本書では、それに反して新たな一歩も踏み出されているように思われる。弦楽四重奏曲《死と乙女》D八一〇にかんしてである。ここでは、引用元となった自作の歌曲の「歌詞」と「器楽」の相関について、本書のスタイルからすれば異例なほどに詳しく立ち入って記述されている。

だが、考えてみればそれももっともなことだろう。「歌曲こそが、つねにシューベルトのキャリアの中心をなした」事実は、本書でも再三にわたって強調されているとおりであり、歌曲にこそシューベルトを読み解く鍵が宿っていることは、禁欲的な著者も言外に認めるところだからである。ただし、二五歳の作曲家が残した散文「僕の夢」に対する記述などからは、標題的な立場に場を許さない厳格さがうかがえる。「言葉」

と「音楽」の相互性をいかに掘り下げるかという問題は根深い。

この問題は、シューベルトの音楽に向き合う二一世紀の私たち一人ひとりにゆだねられた課題であるといえよう。堀朋平『〈フランツ・シューベルト〉の誕生――喪失と再生のオデュッセイ』（法政大学出版局、二〇一六年）はこの問題を中心に据え、《未完成交響曲》D七五九をはじめとする傑作群は歌曲によってこそ読み解けるという立場を掘り下げている。

最後に、本書のスタンスをあらわす言葉として、合理主義《プラグマ》・実際主義《ティズム》を挙げなくてはならない。とくに、作曲家の最大の転機を語る第四章以降にしばしばあらわれる語である。「真理などなく、先がわからない状況でいかに現実を見据え、暫定的に前進するか」といったニュアンスをもつが、本書にあってこの語は二重の意味で用いられている。

まずもって著者は、記述対象であるシューベルト自身の姿勢を特徴づけるキータームとして「プラグマティズム」を採用している。たとえば、古今の研究者に最も注目されてきた一八二四年三月三一日の手紙は、友の喪失や病と重なった「オペラでの挫折」を嘆くのみならず、ただちにまなざしを上げて「器楽」へと大胆に舵を切る旨を伝えている。この側面を掘り下げることで著者は、現実を見据えた合理的な計算ができる冷静な作曲家像を打ち出すのである。なおこうした視点は、J・ギンガリッチ（Gingerich）による『シューベルトのベートーヴェン・プロジェクト』（ケンブリッジ大学出版局、二〇一四年）など、英語圏における最新の見解と一致することも付記しておこう。

のみならず「プラグマティズム」の語は、本書の視座そのものをも規定している。その最も顕著なあらわれが、いわゆる「危機《クリーゼ》の時代」に関する記述だ。器楽を仕上げられないゆえに「危機」と称されてきた一八二〇年前後を分析するに際して著者は、この語が有するネガティヴな側面を斥けつつ、器楽に完成作が少ない事態を「オペラへの集中」によって説明する。「未完の断片」と一括りにされてきた自筆譜の諸様態と全作品の年別分布を、広く深く見わたせる著者ならではの回答である。と同時に、いたずらに「精神の危機」や「ロマン主義的な無限性へのあこがれ」といった曖昧なオーラを持ち出すことのない、徹底してデータに基づく合理的な回答でもあろう。神話や偏見にとらわれない、すぐれて現実的な分析眼が、ヒンリヒセンという学者の最大の持ち味なのだ。

こうして提示された「冷静な現実主義者シューベルト」のイメージをどう受容し、どう変容させてゆくか。それは、私たちの双肩にかかっている。本書をいわばプラグマティックに読む作業が、求められているのである。

最後に、本書の誕生をめぐって少しだけ記しておきたい。

訳出に際しては、日本語で平易に読める本にすることを最優先としたため、ほぼすべての箇所にわたって原文のかたちに大きく手を加えたほか、ときには学術用語を解体し、それぞれの文脈に即して言い換えることも厭わなかった。それが上手くいっているかは、読者諸賢のご意見を仰ぐ次第である。また図版と譜例、およびそれらへの短いコメントは、すべて訳者が補ったものである。人名表記はすべて原著に準じた。

疑問が生じた諸点は、著者と連絡を取りつつ解決した。ヒンリヒセン氏は、急な問い合わせにも懇切かつ迅速に応じてくださり、訳者の疑問をうけて本文を書き直してくださった箇所もある。本書はそうした作業を経た訳になっているが、煩瑣《はんさ》になるため原著との異同は逐一記していない。

この作業に力添えしてくれたのが、二〇一五年秋からチューリヒ大学の著者の下でシューベルト研究に勤しむ髙松佑介氏である。髙松君は、訳者の疑問を共有したうえでヒンリヒセン氏と直にやり取りをしてくれたほか、訳稿を通読して語彙にかんするいくつかの指摘をしてくれた。その誠実な勤勉さがなければ、本書の精度は一目盛り分低かったはずだ。一章を仕上げるごとに訳と文章を真っ先に吟味し、校正を助けてくれたのは、訳者のパートナー、西田紘子氏である。感謝は尽きない。

本書の計画を立ち上げたのは、二〇一三年の秋だった。勝手なお願いにもかかわらず、提案を快くお引き受けくださったアルテスパブリッシングの皆さま、とくに木村元、松岡靖子の両氏にお礼申し上げたい。松岡さんは訳者の——まさに本書の著者を主題とする——最初の学術論文を編集してくださった方である。ちょうど一〇年の時を経て、また一緒に本を作る願いが叶ってまことにうれしい。

編集作業の大部分を担当してくださったのは、黒田篤志さんである。日頃から音楽を愛される、黒田さんの凛とした姿を思い浮かべればこそ、その簡明適確な朱筆に全幅の信頼を置き、最後まで走りぬくことができた。高田馬場で松岡さんと三人で撮った写真を、私は作業中おもむろに開いてよく眺めたものだ。

シューベルトがそうであったように、創造性の車輪とは他者の存在によって初めて最大の回転数に達するのだろう。本書を手に取ってくださった方々も、ここに込められた複数の人の少なからぬ想いから、なにがしかの刺激を受け取ってくださることを、切に願っている。

二〇一六年一一月一九日　シューベルトの命日に、昼下がりの博多にて

堀　朋平

## 著者・訳者紹介

**ハンス＝ヨアヒム・ヒンリヒセン**（Hans-Joachim Hinrichsen）
1952年ドイツのズュルト生まれ。チューリヒ大学音楽学教授。ベルリン自由大学でドイツ語学と歴史を学ぶ。1992年、シューベルトのソナタ形式についての博士論文（同大学）により、ウィーンの国際シューベルト協会から「シューベルト・グランプリ」を受賞。1998年、教授資格取得。1999年より現職。著書に『フランツ・シューベルトの器楽におけるソナタ形式の発展にかんする研究』（1994年）および『音楽の演奏解釈 ―― ハンス・フォン・ビューロー』（1999年）をはじめ、『ベートーヴェン　ピアノ・ソナタ』（2013年）、『ブルックナー交響曲』（2016年）など。編著に『ブラームス―ブルックナー』（2006年）、『ヨハン・ゼバスティアン・バッハと現在』（2007年）、『モーツァルトの生活世界』（2008年）など。その他、シューベルトの自筆譜ファクシミリへの解説やアルカンジェロ・コレッリの楽譜編纂、ビューローとブラームスの書簡編纂など。19世紀ドイツ音楽を中心に、研究業績は深く幅広い。

**堀 朋平**（ほり ともへい）
1979年生まれ。2002年、国立音楽大学音楽学学科卒業。2004年、同大学院修士課程音楽研究科修了。2013年、東京大学大学院人文社会系研究科後期博士課程修了。文学博士。日本学術振興会特別研究員PDを経て現在、国立音楽大学・西南学院大学ほか講師。編著に『バッハ キーワード事典』（春秋社、2012年）、共訳書にハインリヒ・シェンカー『ベートーヴェンのピアノ・ソナタ第28番 op.101 批判校訂版』（音楽之友社、2015年）、エファ＆パウル・バドゥーラ＝スコダ『新版 モーツァルト 演奏法と解釈』（同、2016年）など。著書『〈フランツ・シューベルト〉の誕生 ―― 喪失と再生のオデュッセイ』（法政大学出版局、2016年）。

# 人名索引

人名の原語表記は、基本的に原書に準じる。

### ◇ア行

アイブラー、ヨーゼフ　Eybler, Joseph...... 129
アリストファネス　Aristophanes..............98
アルブレヒツベルガー、ヨハン・ゲオルク
Albrechtsberger, Johann Georg........... 129
アンシュッツ(兄弟)　Anschütz (Brüder)....31
イェンガー、ヨハン・バプティスト
Jenger, Johann Baptist..........................21
ヴァイグル、ヨーゼフ　Weigl, Joseph.... 38, 82
ヴァインガルトナー、フェーリクス・フォン
Weingartner, Felix von.........................72
ヴァルヒャー、フェルディナント
Walcher, Ferdinand........................... 131
ヴィッテチェク、ヨーゼフ・ヴィルヘルム
Witteczek, Joseph Wilhelm............. 22, 144
ウェーバー、カール・マリア・フォン
Weber, Carl Maria von...... 89, 92, 97, 99, 136
ヴォジーシェク、ヤン・ヴァツラフ
Voříšek, Jan Vaclav........................... 148
エステルハージ(伯爵)、ヨハン・カール・フォン
Eszterházy, Johann Carl Graf von.....20, 26, 27, 52, 107, 128, 155
エステルハージ(伯爵夫人)、カロリーネ・フォン
Eszterházy, Caroline Comtesse von...107, 148
エロール、ルイ・ジョゼフ・フェルディナン
Hérold, Louis Joseph Ferdinand............88
オシアン(ジェイムズ・マクファーソン)
Ossian (James Macpherson)............. 46, 48
オッテンヴァルト・アントン
Ottenwalt, Anton.................................21

### ◇カ行

カステッリ、イグナーツ・フランツ
Castelli, Ignaz Franz............ 97, 98, 101, 108
ガスマン、フロリアン　Gassmann, Florian 129
カント、イマヌエル　Kant, Immanuel.......... 3
キーゼヴェッター、イレーネ
Kiesewetter, Irene................................31
キーゼヴェッター、ラファエル・ゲオルク
Kiesewetter, Raphael Georg..................31
キンスキー(侯爵夫人)、カロリーネ・フォン
Kinsky, Karoline Fürstin von.............. 155
クーパー、ジェイムズ・フェニモア
Cooper, James Fenimore................150, 151
クーペルヴィーザー、ヨーゼフ
Kupelwieser, Joseph .... 31, 89, 91, 99-101, 108
クーペルヴィーザー、レオポルト
Kupelwieser, Leopold............23, 31, 89, 100, 101, 106-111, 116, 120, 122, 126, 143, 152, 158
クライル、ヨーゼフ　Kreil, Joseph.............21
クラウディウス、マティアス
Claudius, Matthias.....................45, 51, 114
グリルパルツァー、フランツ
Grillparzer, Franz ...............23, 132, 144, 151
グルック、クリストフ・ヴィリバルト
Gluck, Christoph Willibald.............. 82, 84
クロイツァー、コンラディン
Kreutzer, Conradin ..............................99
グローブ、テレーゼ　Grob, Therese...........50
グローブ、ハインリヒ　Grob, Heinrich.......50
クロップシュトック、フリードリヒ・ゴットリープ
Klopstock, Friedrich Gottlieb....45, 48, 51, 84, 132
クロンマー、フランツ　Krommer, Franz.....38
ゲーテ、ヨハン・ヴォルフガング・フォン
Goethe, Johann Wolfgang von .......19, 27, 45-52, 83, 84, 137, 151, 153, 154, 156
ケナー、ヨーゼフ　Kenner, Joseph.............21
ケルナー、テオドール　Körner, Theodor.....83
ケルビーニ、ルイージ　Cherubini, Luigi...37, 38, 40, 82, 98
コーゼガルテン、ルートヴィヒ・ゴットハルト
Kosegarten, Ludwig Gotthard...............45
コッツェブー、アウグスト・フォン

Kotzebue, August von……83
コリン、ハインリヒ・フォン
Collin, Heinrich von……55, 56
コリン、マテウス・フォン
Collin, Matthäus von……55, 56

**◇サ行**

ザイドゥル、ヨハン・ガブリエル
Seidl, Johann Gabriel……142
サリエーリ、アントニオ　Salieri, Antonio……17-19, 23, 25, 37, 64, 77, 83, 84, 129, 150
ザリス=ゼーヴィス(男爵)、ヨハン・ガウデッツ・フォン
Salis-Seewis, Johann Gaudenz Freiherr von……48
シェーンシュタイン(男爵)、カール・フォン
Schönstein, Carl Freiherr von……52, 156
シェジー、ヘルミーナ・フォン
Chézy, Helmina von……97
シェリング、フリードリヒ・ヴィルヘルム・ヨーゼフ
Schelling, Friedrich Wilhelm Joseph……96
シャルハマー、アマーリエ・フォン
Schallhammer, Amalie von……144
シュヴァルツェンベルク(侯爵夫人)、マティルデ・ツー　Schwarzenberg, Mathilde Fürstin zu……155
シュヴィント、モーリッツ・フォン
Schwind, Moritz von……23, 79, 106, 113, 151
シューベルト、イグナーツ(兄)
Schubert, Ignaz (Bruder)……16, 131
シューベルト、エリザベト(母)旧姓フィーツ
Schubert, Elisabeth, geb. Vietz (Mutter)…16
シューベルト、フェルディナント(兄)
Schubert, Ferdinand (Bruder)…16, 111, 125, 127,131, 150, 157, 164
シューベルト、フランツ・テオドール(父)
Schubert, Franz Theodor (Vater)‥16-19, 26, 33
シューマン、ロベルト
Schumann, Robert……38, 54, 64, 122, 125, 141, 151, 157, 164, 167
シュタードラー、アルバート
Stadler, Albert……21, 83
シュナーベル、アルトゥール
Schnabel, Artur……167
シュナイダー、ゲオルク・アブラハム
Schneider, Georg Abraham……98
シュパウン、アントン・エードラー・フォン
Spaun, Anton Edler von……21
シュパウン、ヨーゼフ・エードラー・フォン
Spaun, Joseph Edler von……20-22, 27, 47, 63, 65, 82, 129, 153
シュパンツィヒ、イグナーツ
Schuppanzigh, Ignaz……110-112, 156, 158
シュポーア、ルイ　Spohr, Louis……92
シュレーゲル、アウグスト・ヴィルヘルム
Schlegel, August Wilhelm……52
シュレーゲル、フリードリヒ
Schlegel, Friedrich……52, 137
シュレヒタ、フランツ・フォン
Schlechta, Franz von……21
ショーバー、フランツ・フォン
Schober, Franz Ritter von…21-24, 26, 32, 33, 42, 50, 51, 53, 78, 91, 93, 94, 99, 106, 138, 146, 150, 151
ショスタコーヴィチ、ドミートリイ
Schostakovitsch, Dmitri……124
ショット、ベルンハルトとその息子たち
Schott, Bernhard & Söhne……134, 160, 161
シラー、フリードリヒ　Schiller, Friedrich……43-45, 48, 51, 83, 84, 114, 137
スポンティーニ、ガスパーレ・ルイージ
Spontini, Gaspare Luigi……38, 82
スラヴィク、ヨーゼフ　Slawjk, Joseph……120
ズルツァー、ザロモン　Sulzer, Salomon……132
ゼヒター、ジーモン　Sechter, Simon……149
ゼン、ヨハン・ヒュリゾストムス
Senn, Johann Chrysostomus……33
ゾンライトナー、イグナーツ(・フォン)
Sonnleithner, Ignaz (von)……30
ゾンライトナー、ヨーゼフ
Sonnleithner, Joseph……30
ゾンライトナー、レオポルト(・フォン)
Sonnleithner, Leopold (von)…30, 48, 88, 90,

153, 155

◇タ行

タイバー、アントン　Teyber, Anton......... 129
チェルニー、カール　Czerny, Carl............ 160
チェルニー、ヨーゼフ　Czerny, Joseph..... 158
ツェルター、カール・フリードリヒ
Zelter, Carl Friedrich............................ 49
ツムシュティーク、ヨハン・ルドルフ
Zumsteeg, Johann Rudolf........... 42, 43, 47
ディアベッリ、アントン　Diabelli, Anton ... 48, 52, 153-155, 158, 159
ティーツェ、ルートヴィヒ　Tietze, Ludwig... 131
ディートリヒシュタイン(伯爵)、モーリッツ・フォン
Dietrichstein, Moritz Graf von ....... 155, 156
テルチャー、ヨーゼフ　Teltscher, Joseph.... 21
ドイッチュ、オットー・エーリヒ
Deutsch, Otto Erich .................... 4, 36, 120
ドヴォルザーク、アントニン
Dvořák, Antonín ............................... 164
ドップラー、ヨーゼフ　Doppler, Joseph.... 128

◇ナ行

ニーマイアー、アウグスト・ヘルマン
Niemeyer, August Hermann ................. 95
ネーゲリ、ハンス・ゲオルク
Nägeli, Hans Georg............................ 160
ノイマン、ヨハン・フィーリプ
Neumann, Johann Philipp.............. 83, 133
ノヴァーリス(フリードリヒ・フォン・ハルデンベルク)
Novalis (Friedrich von Hardenberg) ..... 52, 79, 80, 137

◇ハ行

ハイドン、ミヒャエル　Haydn, Michael.... 133
ハイドン、ヨーゼフ　Haydn, Joseph...... 10-13, 17, 37, 38, 40, 42, 54, 71, 72, 157
ハイネ、ハインリヒ
Heine, Heinrich..... 3, 52, 53, 137, 141, 142, 144
バウエルンフェルト、エドゥアルト(・フォン)
Bauernfeld, Eduard (von) ... 23, 102, 106, 144, 164
パガニーニ、ニコロ　Paganini, Niccolò..... 144
ハスリンガー、トビアス
Haslinger, Tobias ......................... 142, 148
バッハ、ヨハン・ゼバスティアン
Bach, Johann Sebastian .. 31, 126, 142, 149, 165
ハトヴィヒ、オットー　Hatwig, Otto... 29, 30, 54, 56, 110, 128
パハラー、マリー　Pachler, Marie............ 143
バルチュ、ルドルフ・ハンス
Bartsch, Rudolf Hans .......................... 166
ハルトマン、フランツ・フォン
Hartmann, Franz von ..................... 31, 144
ハルトマン、フリッツ・フォン
Hartmann, Fritz von ............................ 31
バルバヤ、ドメニコ　Barbaja, Domenico.. 89, 99
パルフィ・フォン・エルデード(伯爵)、フェルディナント　Pálffy von Erdöd, Ferdinand Graf
.................................................. 155, 156
ヒュッテンブレンナー、アンゼルム
Hüttenbrenner, Anselm ... 19, 21, 23, 26, 77, 78, 151
ヒュッテンブレンナー、ヨーゼフ
Hüttenbrenner, Joseph...... 21, 26, 48, 97, 153
ピュルカー、ヨハン・ラディスラウス・フォン
Pyrker, Johann Ladislaus von............... 46
ファルンハーゲン・フォン・エンゼ、カール・アウグスト　Varnhagen von Ense, Karl August
.................................................. 146, 147
フーバー、ヨーゼフ　Huber, Joseph......... 107
フォーグル、ヨハン・ミヒャエル
Vogl, Johann Michael........ 51, 52, 82, 88, 94, 122, 156
プラーテン、アウグスト・フォン
Platen, August von.............................. 52
ブラームス、ヨハネス　Brahms, Johannes...... 10, 25, 54, 64, 148, 164, 167
フリッシュリング、フランツ
Frischling, Franz ........................... 29, 54
ブルックナー、アントン　Bruckner, Anton..... 10, 120, 124, 149

ブルッフマン、フランツ　Bruchmann, Franz .. *96*
プレイエル、イグナーツ・ヨーゼフ
Pleyel, Ignaz Joseph............................ *38*
フレーリヒ（姉妹）　Fröhlich (Schwestern) *132*
プロープスト、ハインリヒ・アルベルト
Probst, Heinrich Albert................ *160, 161*
フンメル、ヨハン・ネポムク
Hummel, Johann Nepomuk...... *148, 155, 157*
ベートーヴェン、ルートヴィヒ・ヴァン
Beethoven, Ludwig van...... *10-15, 24, 25, 28, 38, 42, 53-55, 57, 58, 60, 61, 63-66, 72-74, 84, 87, 98, 108-112, 120, 122, 124, 126, 129, 136, 142-146, 149, 151, 152, 154, 156, 157, 160, 164-167*
ペツル、ヨハン　Pezzl, Johann ................. *26*
ヘルティ、ルートヴィヒ・クリストフ・ハインリヒ
Hölty, Ludwig Christoph Heinrich ...*45, 48, 51, 84*
ヘルベック、ヨハン　Herbeck, Johann...... *158*
ヘンデル、ゲオルク・フリードリヒ
Händel, Georg Friedrich........... *31, 149, 165*
ボークナー、フェルディナント
Bogner, Ferdinand............................ *119*
ホーフマン、ゲオルク・エルンスト・フォン
Hofmann, Georg Ernst von.................. *88*
ボックレット、カール・マリア（・フォン）
Bocklet, Carl Maria (von) .............*120, 156*
ボッケリーニ、ルイージ　Boccherini, Luigi... *145*
ホルツァー、ミヒャエル　Holzer, Michael ....... *17, 128*
ホルツアプフェル、アントン
Holzapfel, Anton ................................ *21*

◇マ行
マーラー、グスタフ　Mahler, Gustav... *10, 120, 124*
Mayrhofer, Johann ............ *21, 46, 52, 83, 96*
マッティソン、フリードリヒ・フォン
Matthisson, Friedrich von ........... *45, 48, 51*
ミュラー、ヴィルヘルム
Müller, Wilhelm...... *52, 137-139, 141, 144, 146*
ミュラー、ゾフィー　Müller, Sophie .......... *21*
ミルダー、アンナ　Milder, Anna ..... *82, 94, 146*
メンデルスゾーン=バルトルディ、フェーリクス
Mendelssohn Bartholdy, Felix ....*54, 125, 158, 164*
モーゼル、イグナーツ・フランツ・エードラー・フォン
Mosel, Ignaz Franz Edler von.........*155, 156*
モーツァルト、ヴォルフガング・アマデウス
Mozart, Wolfgang Amadé...*10, 11, 13, 24, 25, 28, 37, 38-40, 42, 54, 82, 84, 86, 109, 145, 157, 165*

◇ラ行
ライターマイアー、ミヒャエル
Leitermayer, Michael ......................... *128*
ライヒャルト、ヨハン・フリードリヒ
Reichardt, Johann Friedrich... *44, 45, 49, 137*
ラズモフスキー（侯爵）、アンドレアス・フォン
Rasumowsky, Andreas Fürst von ........ *110*
ラハナー、フランツ　Lachner, Franz .... *23, 106*
ランツ、ヴォルフガング・ヨーゼフ
Lanz, Wolfgang Joseph .................*149, 150*
ラントハルティンガー、ベネディクト
Randhartinger, Benedict....................... *23*
リーベンベルク、エマヌエル・エードラー・フォン
Liebenberg de Zsittin, Emanuel Edler von ... *154, 155*
リスト、フランツ　Liszt, Franz ............ *94, 164*
リュッケルト、フリードリヒ
Rückert, Friedrich ......................... *52, 120*
ルジチュカ、ヴェンツェル　Ruzicka, Wenzel... *18, 20*
レルシュタープ、ルートヴィヒ
Rellstab, Ludwig ..........................*142, 146*
ロイター、ゲオルク（子）　Reutter, Georg jr..... *129*
ロセッティ、アントニオ　Rosetti, Antonio .. *38*
ロッシーニ、ジョアキーノ
Rossini, Gioachino..................*57, 58, 85, 89*
ロンベルク、アンドレアス
Romberg, Andreas............................... *38*

# 作品索引

分類と作品名は、シューベルト新全集に準じる。各ジャンル内はドイッチュ番号順。


◇**教会音楽**

ミサ曲 ヘ長調(第1番)D105… *25, 50, 127, 130, 151*
ミサ曲 ト長調(第2番)D167………… *127, 128, 130*
《スターバト・マーテル》へ短調D383………… *132*
ミサ曲 ハ長調(第4番)D452……………… *130, 157*
《ドイツ・レクイエム》D621……………… *127, 157*
ミサ曲 変イ長調(第5番)D678……… *128-130, 134*
6つのアンティフォナD696…………………… *127*
《タントゥム・エルゴ》ハ長調D739………… *157*
《タントゥム・エルゴ》ニ長調D750………… *127*
《ドイツ・ミサ曲》D872…………………………… *133*
ミサ曲 変ホ長調(第6番)D950……… *128-130, 133, 134, 145, 149*

◇**舞台音楽**

《鏡の騎士》D11…………………………… *36, 83, 87*
《悪魔の別荘》D84…………………………… *83, 84, 87*
《アドラスト》D137…………………………… *83, 96*
《四年間の歩哨勤務》D190…………………… *83*
《フェルナンド》D220……………………………… *83*
《ヴィッラ・ベッラのクラウディーネ》D239 .. *83*
《ザラマンカの友人たち》D326…………… *83, 113*
《人質》D435………………………………………… *83*
《魔法の竪琴》D644…………………… *88, 90, 97, 98*
《双子の兄弟》D647…………………………… *88, 90*
《ラザロ、あるいは復活の祝典》D689.. *80, 95, 96, 132*
《シャクンターラ》D701…………………… *83, 133*
《魔法の鈴》D723……………………………………… *88*
《アルフォンゾとエストレッラ》D732………… *80, 89-97, 99, 143*
《共謀者たち》D787……………… *97, 98, 101, 108*
《フィエラブラス》D796….. *80, 89-91, 97-101, 108, 113, 115, 116*
《ロザムンデ、キュプロスの女王》D797… *97, 113*
《グライヒェン伯爵》D918………… *102, 143, 145*

◇**多声の声楽曲**

《サリエーリ先生五〇歳の誕生祭によせて》D407……………………………………… *19, 64*
《プロメテウス》D451……………………………… *25*
《村》D598…………………………………………… *154*
《水上の霊の歌》第4作 D714…………………… *45*
《夜の明かり》D892……………………………… *131*
イレーネ・キーゼヴェッターのためのカンタータD936…………………………………………… *31*
《ミリアムの勝利の歌》D942……………… *132, 133*
詩篇第92番 D953……………………………… *132*

◇**歌曲**

《ハガールの嘆き》D5……………………………… *43*
《乙女の嘆き》第1作 D6………………………… *43*
《屍の幻想》D7……………………………………… *43*
《潜水者》D77……………………………………… *44*
《糸を紡ぐグレートヒェン》D118…… *46-48, 153*
《羊飼いの嘆きの歌》D121……………………… *50*
《ファウストの情景》D126…………… *46*(訳注内)
《乙女の嘆き》第2作 D191……………………… *43*
《魔王》D328…………………… *47, 48, 51, 153, 155*
《乙女の嘆き》第3作 D389……………………… *43*
《水上の霊の歌》第1作 D484…………………… *45*
《死と乙女》D531……………………………… *114, 115*
《メムノン》D541…………………………………… *52*
《アンティゴネとオイディプス》D542………… *52*
《ガニュメート》D544……………………………… *46*
《音楽によせて》D547………………………… *50, 53*
《別れ》D578………………………………………… *42*
《プロメテウス》D674……………………………… *46*
《ギリシャの神々》D677………………………… *114*
《わが挨拶を》D741………………………………… *120*
《歓迎と別れ》D767……………………… *46*(訳注内)
《さすらい人の夜の歌》D768…………………… *49*
《美しき水車小屋の娘》D795….. *80, 119, 136, 138, 156*

《全能》D852 ........ 46（訳注内）
《冬の旅》D911 ... 53, 93, 113, 116, 136, 138-142, 150
《セレナーデ》D920 ........ 144
《流れの上で》D943 ........ 146
《白鳥の歌》D957 ........ 142, 159
《岩の上の羊飼い》D965 ........ 146

◇管弦楽曲

交響曲（草稿）D2B ........ 55
序曲《水オルガンを弾く悪魔》D4 ........ 36, 40
交響曲第1番D82 ........ 29, 41, 53
交響曲第4番《悲劇的》D417 ........ 55, 56
交響曲第6番D589 ........ 57, 58, 62, 63
イタリア風序曲 D590 ........ 57
イタリア風序曲 D591 ........ 57
交響曲（草稿）D615 ........ 70-72
交響曲（草稿）D708A ........ 70-72
交響曲（草稿）D729 ........ 72-74, 76
交響曲第7番《未完成》D759 ..... 70, 73-80, 93, 120, 121, 158
（交響曲《グムンデン・ガスタイン》）D849 .... 120, 121
交響曲（草稿）D936A ........ 145, 149
交響曲第8番《大ハ長調》D944 ....... 120-125, 134, 158, 164, 167

◇室内楽

弦楽五重奏のための序曲 D8 ........ 37
ピアノ・トリオ D28 ........ 38, 145
ピアノ五重奏曲《ます》D667 ........ 62, 112, 113
弦楽四重奏断章 ハ短調 D703 .. 69, 70, 74, 76, 80
フルートとピアノのための変奏曲 ホ短調 D802 ........ 119
八重奏曲 D803 ........ 111, 112, 158, 159
弦楽四重奏曲 イ短調《ロザムンデ》D804 .... 110, 111, 113, 114, 156-158
弦楽四重奏曲 ニ短調《死と乙女》D810 ........ 112-116, 140, 158
弦楽四重奏曲 ト長調 D887 ...... 112, 116-119, 158
ヴァイオリンとピアノのためのロンド ロ短調 D895 ........ 157
ピアノ・トリオ 変ロ長調 D898 ...... 112, 145, 157
ピアノ・トリオ 変ホ長調 D929 ..... 112, 145, 146, 157, 161, 162
ヴァイオリンとピアノのための幻想曲 ハ長調 D934 ........ 120, 148
弦楽五重奏曲 ハ長調 D956 ........ 145, 158

◇ピアノ曲

幻想曲 ト長調（4手）D1 ........ 36
《独創的な舞曲》D365 ........ 154
《フランスの歌に基づく八つの変奏曲》D624 .... 154, 156
ピアノ・ソナタ 嬰ヘ短調 D571 ........ 68
ピアノ・ソナタ ロ長調 D575 ........ 68
ピアノ・ソナタ ハ長調 D613 ........ 68
ピアノ・ソナタ 変ロ長調（4手）D617 ........ 157
ピアノ・ソナタ ヘ短調 D625 ........ 68
ピアノ・ソナタ 嬰ハ短調 D655 ........ 68
6つのエコセーズ D697 ........ 67（訳注内）
ディアベッリのワルツによる変奏曲 ハ短調 D718 ........ 154
《さすらい人幻想曲》D760 ...... 77, 80, 87, 93, 112, 113, 119, 148, 154, 155, 157
《楽興の時》D780 ........ 147
《大ソナタ》ハ長調（4手）D812 ........ 148
《ハンガリー風のディヴェルティメント》 D818 ........ 107
ピアノ・ソナタ ハ長調《レリーク》D840 ... 79, 159
ピアノ・ソナタ イ短調 D845 ........ 79, 157, 160
ピアノ・ソナタ ニ長調 D850 ........ 122, 156, 157
ピアノ・ソナタ ト長調 D894 ........ 119, 157
《即興曲》D899 ........ 116, 147, 148
《即興曲》D935 ........ 113, 147, 148
幻想曲 ヘ短調（4手）D940 ........ 148, 149, 157
《3つのピアノ曲》D946 ........ 113, 148
アレグロ イ短調《人生の嵐》（4手）D947 ...... 159
ピアノ・ソナタ ハ短調 D958 ........ 116, 148, 157
ピアノ・ソナタ イ長調 D959 ........ 148, 157
ピアノ・ソナタ 変ロ長調 D960 ...... 146, 148, 157

# 文献一覧

網羅的かつアクチュアルな情報は、2001年から発刊されている年鑑
『シューベルト――諸展望(*Schubert:Perspektiven*)』巻末の文献表を参照のこと。

以下の文献表は、少なからぬ更新を含む第2版(2014年)の附録に基づいており、新世紀のドイツ語圏と英語圏におけるシューベルト研究の最前線が凝縮されている。邦訳のある文献については補った。日本語文献を含むさらに広範な文献については、堀朋平『〈フランツ・シューベルト〉の誕生』(法政大学出版局、2016年)の巻末を参照されたい。　(訳者)


### ◇楽譜と作品目録

*Franz Schubert's Werke. Kritisch durchgesehene Gesamtausgabe*, Leipzig 1884-1897 (= Alte Schubert-Ausgabe, AGA)

*Franz Schubert. Neue Ausgabe sämtlicher Werke*, Kassel etc. 1964 ff. (= Neue Schubert-Ausgabe, NGA)

Deutsch, Otto Erich, *Franz Schubert. Thematisches Verzeichnis seiner Werke in chronologischer Folge. Neuausgabe in deutscher Sprache. bearb. und hrsg. von der Editionsleitung der NGA und Werner Aderhold*, Kassel etc. 1978.

### ◇原典とドキュメント

*Schubert. Die Dokumente seines Lebens.* Gesammelt und erläutert von Otto Erich Deutsch, Kassel etc. 1964 (= **Dok.**) (邦訳:『シューベルトの手紙』實吉晴夫訳・解説[抄訳]　メタモル出版、1997年。)

*Schubert. Die Erinnerungen seiner Freunde.* Gesammelt und erläutert von Otto Erich Deutsch, Leipzig[2] 1966 (= **Erinn.**) (邦訳:『シューベルト――友人たちの回想』石井不二雄訳　白水社、1978年。)

*Franz Schubert. Dokumente 1817-1830. Erster Band: Texte, Programme, Rezensionen, Anzeigen, Nekrologe, Musikbeilagen und andere gedruckte Quellen,* hrsg. von Till Gerrit Waidelich, Tutzing 1993 (= **Dok.**[2])

*Franz Schubert. Dokumente 1801-1830. Erster Band: Texte, Programme, Rezensionen, Anzeigen, Nekrologe, Musikbeilagen und andere gedruckte Quellen. Addenda und Kommentar,* hrsg. von Ernst Hilmar unter Mitarbeit von Werner Bodendorff, Tutzing 2003.

### ◇定期刊行物と辞典類

*Schubert durch die Brille. Mitteilungen des Internationalen Franz Schubert Instituts,* hrsg. von Ernst Hilmar, Nr. 1-3: Wien 1988 / 1989, Nr. 4-30: Tutzing 1990-2003.

*Schubert Jahrbuch,* im Auftrag der Deutschen Schubert-Gesellschaft, hrsg. von Christiane Schumann, Kassel etc. 1996 ff.

*Schubert Handbuch,* hrsg. von Walther Dürr und Andreas Krause, Kassel etc. 1997.

*Schubert: Perspektiven,* hrsg. von Hans-Joachim Hinrichsen und Till Gerrit Waidelich, Stuttgart 2001 ff.

*Schubert-Enzyklopädie*, 2 Bde., hrsg. von Ernst Hilmar und Margret Jestremski, Tutzing 2004.
*Schubert Liedlexikon*, hrsg. von Walther Dürr, Michael Kube, Uwe Schweikert und Stefanie Steiner. Unter Mitarbeit von Michael Kohlhäufl, Kassel etc. 2012.

**◇研究書**

Aderhold, Werner u. a. (Hrsg.), *Franz Schubert. Jahre der Krise 1818–1823. Festschrift Arnold Feil*, Kassel etc. 1985.
Blanken, Christine, *Franz Schuberts «Lazarus» und das Wiener Oratorium zu Beginn des 19. Jahrhunderts*, Stuttgart 2002.
Dittrich, Marie-Agnes, *Harmonik und Sprachvertonung in Schuberts Liedern*, Hamburg 1991.
Dürhammer, Ilija, *Schuberts literarische Heimat. Dichtung und Literaturrezeption der Schubert-Freunde*, Wien etc. 1999.
Dürr, Walther, *Das deutsche Sololied im 19. Jahrhundert*, Wilhelmshaven 1984.（邦訳：デュル『19世紀のドイツ・リート——その詩と音楽』喜多尾道冬訳　音楽之友社、1987年。）
—— u. a. (Hrsg.), *Reclams Musikführer Franz Schubert*, Stuttgart 1991.
—— u. a. (Hrsg.), *Schuberts Lieder nach Gedichten aus seinem literarischen Freundeskreis*, Frankfurt a. M. etc. 1999.
Feil, Arnold, *Studien zu Schuberts Rhythmik*, München 1966.
Georgiades, Thrasybulos, *Schubert. Musik und Lyrik*, Göttingen 1967.（邦訳：ゲオルギアーデス『シューベルト——音楽と抒情詩』谷村晃・樋口光治・前川陽郁訳　音楽之友社、2000年。）
Gramit, David, *The intellectual and aesthetic tenets of Franz Schubert's circle*, Dissertation Duke University 1987.
Gruber, Gernot, *Schubert. Schubert? Leben und Musik*, Kassel etc. 2010.
Gülke, Peter, *Franz Schubert und seine Zeit*, Laaber 1991.
Hanson, Alice M., *Die zensurierte Muse. Musikleben im Wiener Biedermeier*, Wien etc. 1987.（邦訳：ハンスン『音楽都市ウィーン——その黄金期の光と影』喜多尾道冬・稲垣孝博訳　音楽之友社、1988年。）
Hilmar, Ernst, *Schubert*, Graz 1989.
Hinrichsen, Hans-Joachim, *Untersuchungen zur Entwicklung der Sonatenform in der Instrumentalmusik Franz Schuberts*, Tutzing 1994.
Jaskulsky, Hans, *Die lateinischen Messen Franz Schuberts*, Mainz 1986.
Klein, Rudolf, *Schubertstätten*, Wien 1972.
Kohlhäufl, Michael, *Poetisches Vaterland. Dichtung und politisches Denken im Freundeskreis Franz Schuberts*, Kassel etc. 1999.
Krause, Andreas, *Die Klaviersonaten Franz Schuberts. Form, Gattung, Ästhetik*, Kassel etc. 1992.
Kube, Michael u. a. (Hrsg.), *Schubert und das Biedermeier. Festschrift Walther Dürr*, Kassel etc. 2002.
—— u. a. (Hrsg.), *Schubert und die Nachwelt. I. Internationale Arbeitstagung zur Schubert-Rezeption Wien 2003*, München etc. 2007.
Lindmayr-Brandl, Andrea, *Franz Schubert. Das fragmentarische Werk*, Stuttgart 2003.

Litschauer, Walburga / Deutsch, Walter, *Franz Schubert und das Tanzvergnügen,* Wien 1997.
Lorenz, Michael, *Studien zum Schubert-Kreis,* Dissertation Wien 2001.
Musulin, Stella, *Vienna in the Age of Metternich from Napoleon to Revolution 1805–1848,* London 1975.
Partsch, Erich Wolfgang (Hrsg.), *Franz Schubert – Der Fortschrittliche? Analysen – Perspektiven – Fakten,* Tutzing 1989.
Pietschmann, Klaus, *Laboratorium des Wandels. Wien und die Diversifizierung der Oper um 1800,* Habilitationsschrift Universität Zürich 2006.
Raab, Michael, *Franz Schubert. Instrumentale Bearbeitungen eigener Lieder,* München 1997.
Reiser, Salome, *Franz Schuberts frühe Streichquartette. Eine klassische Gattung am Beginn einer nachklassischen Zeit,* Kassel etc. 1999.
Rentsch, Ivana / Pietschmann, Klaus (Hrsg.), *Schubert: Interpretationen,* Stuttgart 2014.
Schwab, Heinrich W., *Sangbarkeit, Popularität und Kunstlied. Studien zu Lied und Liedästhetik der mittleren Goethezeit 1770–1814,* Regensburg 1965.
Waidelich, Till Gerrit, *Franz Schubert: Alfonso und Estrella. Eine frühe durchkomponierte deutsche Oper. Geschichte und Analyse,* Tutzing 1991.
Weber, William, *Music and Middle Class. The Structure of Concert Life in London, Paris and Vienna,* London 1975.（邦訳：ウェーバー『音楽と中産階級――演奏会の社会史（新装版）』城戸朋子訳　法政大学出版局、2015年。）
Well, Helmut, *Frühwerk und Innovation. Studien zu den «Jugendsinfonien» Franz Schuberts,* Kassel etc. 1995.

**◇論文**

Biba, Otto, “Schubert’s Position in Viennese Musical Life,” in: *19th Century Music* 3 (1978), 106–113.（邦訳：ビーバ「ウィーンの音楽生活にみるシューベルトの位置」西原稔訳『音楽の手帖シューベルト』青土社、1980年、152-163頁。）
Denny, Thomas A., “Schubert’s «Fierrabras» and Barbaja’s Opera Business,” in: *Schubert: Perspektiven* 5 (2005), 19–45.
Dürr, Walther, “«Wer vermag nach Beethoven noch etwas zu machen?» Gedanken über die Beziehungen Schuberts zu Beethoven,” in: *Beethoven Jahrbuch* 1973 / 77, Bonn 1977, 47–67.
Eggebrecht, Hans Heinrich, “Prinzipien des Schubert-Liedes,” in: *Archiv für Musikwissenschaft* 27 (1970), 89–109.
Gerhard, Anselm, “Franz Schuberts Abschied von Beethoven? Zur «poetischen Idee» des Es-Dur-Klaviertrios von 1827,” in: *Schubert: Perspektiven* 2 (2002), 1–21.
Gottdang, Andrea, “«Ich bin unsern Ideen nicht untreu geworden». Moritz von Schwind und der Schubert-Freundeskreis,” in: *Schubert: Perspektiven* 4 (2004), 1–48.
Hinrichsen, Hans-Joachim, “Die Sonatenform im Spätwerk Franz Schuberts,” in: *Archiv für Musikwissenschaft* 45 (1988), 16–49.
――, “Franz Schubert und der Kontrapunkt. Anmerkungen zur Auseinandersetzung mit der Fuge in Schuberts letztem Schaffensjahr,” in: *Schubert Jahrbuch* 1996, 67–81.
――, “Episode oder Wendepunkt? Schuberts Auseinandersetzung mit der Dichtung Friedrich

Gottlieb Klopstocks," in: *Schubert: Perspektiven* 3 (2003), 155-175.

Kreutzer, Hans Joachim, "Franz Schubert und die Dichter," in: *Schubert Jahrbuch* 1997, 3-21.

Mayer, Andreas, "«Gluck'sches Gestöhn» und «welsches Larifari». Anna Milder, Franz Schubert und der deutsch-italienische Opernkrieg," in: *Archiv für Musikwissenschaft* 52 (1995), 171-204.

Rentsch, Ivana, "Die «Natürlichkeit» der «Zauber-Oper». Schuberts «Des Teufels Lustschloß» im Geiste von Kotzebues Theaterästhetik," in: *Schubert: Perspektiven* 10 (2010), 123-138.

Steblin, Rita, "Studying with Sechter: Newly recovered Reminiscences about Schubert by his forgotten Friend, the Composer Joseph Lanz," in: *Music & Letters* 88 (2007), 226-265.

——, "New Thoughts on Schubert's Role in the Unsinnsgesellschaft," in: *Schubert: Perspektiven* 19 (2010), 191-223.

Stollberg, Arne, "Der «allertragischste Kampf und Sieg»? Schuberts Vierte Symphonie im Kontext der zeitgenössischen Tragödientheorie," in: *Schubert: Perspektiven* 7 (2007), 137-225.

Waidelich, Till Gerrit, "Joseph Hüttenbrenners Entwurf eines Aufsatzes mit der ersten biographischen Skizze Schuberts (1823) und zwei Fragmente seines ungedruckten Schubert-Nachrufs (1828)," in: *Schubert: Perspektiven* 1 (2001), 37-73.

——, "«Torupson» und Franz von Schober - Leben und Wirken des von Frauen, Freunden und Biographen umworbenen Schubert- und Schwind- Freundes," in: *Schubert: Perspektiven* 6 (2006), 1-237.

Webster, James, "Schubert's Sonata Form and Brahms' First Maturity," in: *19th Century Music* 2 (1978), 18-35, and 3 (1979), 52-71.

ARTES
**artespublishing.com**

〈叢書《そうしょ》ビブリオムジカ〉
フランツ・シューベルト
あるリアリストの音楽的肖像《おんがくてきしょうぞう》

二〇一七年四月三〇日　初版第一刷発行

著者……………ハンス＝ヨアヒム・ヒンリヒセン
訳者……………堀《ほり》　朋平《ともへい》

発行者…………鈴木　茂・木村　元
発行所…………株式会社アルテスパブリッシング
〒一五五－〇〇三二
東京都世田谷区代沢五－一六－二三－三〇三
ＴＥＬ　〇三－六八〇五－二八八六
ＦＡＸ　〇三－三四一一－七九二七
info@artespublishing.com

編集協力……黒田　篤志
ブックデザイン…折田　烈（餅屋デザイン）
楽譜浄書……株式会社スタイルノート
印刷・製本…太陽印刷工業株式会社

ISBN978–4–86559–159–0　C1073　Printed in Japan